EL GNOMO MIGUELITO

MAGICAL SHORT STORIES TO BOOST
VOCABULARY AND LEARN SPANISH AS
A BEGINNER

SPANZZA

El gnomo Miguelito: Magical Short Stories to Boost Vocabulary and Learn Spanish as a Beginner by SPANZ2A

www.spanz2a.com

Copyright © 2023 by SPANZ2A

All rights reserved.

No part of this publication may be reproduced, distributed, or transmitted in any form or by any means, including photocopying, recording, or other electronic or mechanical methods, without the prior written permission of the publisher, except as permitted by U.S. copyright law.

The story, all names, characters, and incidents portrayed in this production are fictitious. No identification with actual persons (living or deceased), places, buildings, and products is intended or should be inferred.

Illustrations by G. Amar

en la olla

(Colombia) (República Dominicana)

short of money; broke

bacano(a)

(Colombia) (Ecuador) (Venezuela)

awesome; cool

bailanta (f.)

(Argentina) (Uruguay)

dancing party takes place

SPANISH SLANG

THE BEGINNER'S GUIDE TO
COLLOQUIAL SPANISH PHRASES
FOR EVERYDAY USE AND TRAVEL

SPANZ2A

/ chiveado(a)

fake; counterfeit; pirated

SPEAK LIKE A LOCAL!

empelicularse

(Colombia)

derived from the word *película*, *empelicularse* is to live in a movie-like world, making things out to be real or realistic when they probably aren't.
Eso no pasará, no se empelícule.

get this book free on

SPANZ2A.COM

en la olla

(Colombia) (República Dominicana)

short of money; broke

Contents

1. La hormiga que baila flamenco   1
   The Ant that Dances Flamenco

2. El ingrediente secreto de las hallacas   15
   The Secret Ingredient of the Hallacas

3. Vacaciones en Isla Mujeres   27
   A Vacation in Isla Mujeres

4. El tritón Bruno y la paella española   39
   Bruno the Merman and the Spanish Paella

5. Un domingo de Pascua   53
   An Easter Sunday

6. El ratón Pérez   67
   Perez the Little Mouse

7. El gnomo Miguelito quiere ser fallero   81
   Miguelito the Gnome Wants to be a Fallero

8. El vampiro fanático de las arepas   95
   The Vampire Who Loves Arepas

9. Perla y el alfajor de chocolate   109
   Perla and the Chocolate Alfajor

10. Los juguetes se divierten en el Día de   123
    los Muertos
    The Toys Having Fun on the Day of the
    Dead

11. La elfina Josefina y la tapa de patatas   137
    bravas
    Josefina the Elf and the Patatas Bravas
    Tapa

12. El deseo de Luisa   149
    Luisa's Wish

13. Carlitos, el gigante de los viñedos   163
    Carlitos, the Giant of the Vineyards

14. La sirena del Lago de Maracaibo   177
    The Mermaid of Lake Maracaibo

1
La hormiga que baila flamenco

The Ant that Dances Flamenco

El flamenco

El flamenco es un baile y género musical español muy famoso. Es de origen andaluz. La guitarra es el instrumento más importante de este estilo musical. El flamenco está lleno de ritmo y siempre se baila con tacones sobre un escenario de madera.

La hormiga Rita vive en Sevilla. Rita es una hormiga muy pequeñita. Es la hormiga más pequeña de su familia. Rita mira bailar flamenco cada noche. Su familia baila flamenco en la plaza frente a la Giralda de Sevilla.

Rita va cada noche a la plaza frente al campanario. Su familia baila en un espectáculo de flamenco. Rita, triste, los mira bailar. Ella no sabe bailar porque sus patas son cortas. Son tan cortas que no le permiten seguir el ritmo del baile. Rita no sabe bailar como el resto de

Flamenco

Flamenco is a very famous Spanish dance and musical genre. It is of Andalusian origin. In this music genre, the guitar is the most important instrument. Flamenco is full of rhythm and is always danced while wearing heels on a wooden stage.

Rita the ant lives in Seville. Rita is a very tiny ant. She is the smallest ant in her family. Rita watches flamenco dancing every night. Her family dances flamenco in the square in front of the Giralda in Seville.

Every night, Rita goes to the square in front of the bell tower. Her family dances in a flamenco show. Rita, with sadness, watches them dance. She can't dance because her legs are short. They are so short that she can't keep up with the rhythm of the dance. Rita doesn't know

sus hermanos. Rita llora. Ella desea aprender a bailar flamenco. Ella quiere actuar cada noche en la Giralda.

Mientras llora, Rita ve una luz brillante. La luz viene de una caja. La caja está escondida dentro de un arbusto. Rita se acerca a la caja. Es una caja de madera vieja. La caja emite una luz dorada. Rita siente curiosidad. Ella abre la caja con cuidado. Dentro de la caja, hay unos tacones. Los tacones son de color rojo. Rita toca los tacones.

Al tocarlos, los tacones empiezan a moverse. Los tacones saltan y caen al suelo. Los tacones empiezan hablar.

—¡¿Quién eres tú?! ¿Por qué nos has despertado?

Rita está muy sorprendida. Ella nunca ha hablado con unos zapatos. Rita responde con la voz temblorosa.

—Hola, soy Rita. Soy una hormiga. No quería despertaros, perdón. Yo solamente he tocado

how to dance like the rest of her siblings. Rita cries. She wants to learn to dance flamenco. She wants to perform every night at the Giralda.

While crying, Rita sees a bright light. The light comes from a box. The box is hidden in a bush. Rita approaches the box. It is an old wooden box. The box emits a golden light. Rita is curious. She opens the box carefully. Inside the box, there is a pair of heels. The heels are red. Rita touches the heels.

At her touch, the heels start to move. The heels jump and land on the ground. The heels start talking.

"Who are you?! Why did you wake us up?"

Rita is very surprised. She has never talked to shoes. Rita responds with a trembling voice, "Hello, I'm Rita. I am an ant. I didn't want to wake you up, sorry. I only touched

los tacones. Me han parecido muy bonitos y me los quería probar.

—Hola Rita. ¿Eres una hormiga? Eres muy pequeña para ser una hormiga. Las hormigas son un poco más grandes, ¿verdad?

Rita se pone muy roja. Ella sabe que es muy pequeña. Ella siente mucha vergüenza por ser la hormiga más pequeña de su familia.

—Sí, soy muy pequeña, pero soy una hormiga. Precisamente por ser pequeña, no puedo bailar. Yo quiero bailar flamenco, pero tengo las patas muy cortas. Por eso he cogido los tacones. Sois tacones de flamenco, ¿verdad?

—¡Así es! Somos los tacones mágicos y podemos hacer que cualquier persona se convierta en un gran bailarín de flamenco. Si nos has encontrado es porque nos necesitas. La caja donde estamos guardados es mágica. Solamente se ilumina cuando siente que alguien nos necesita. Cuéntanos lo que te pasa, pequeña Rita.

you. I thought you looked very nice and wanted to try you on."

"Hello, Rita. Are you an ant? You're too small to be an ant. Ants are a little bigger, aren't they?"

Rita blushes quite red. She knows she is very small. She feels embarrassed of being the smallest ant in her family.

"Yes, I am very small, but I am an ant. And that's precisely the reason why I cannot dance. I want to dance flamenco, but my legs are very short. That's why I took the heels. You are flamenco heels, right?"

"That's right! We are the magic heels and we can make anyone become a great flamenco dancer. If you have found us, it's because you need us. The box in which we are kept is magical. It only lights up when it senses that someone needs us. Tell us what's wrong, little Rita."

—Mi familia baila flamenco. Cada noche, hacen un espectáculo en la plaza de la Giralda. Pero yo no puedo bailar. Soy la única hormiga que tiene las patas cortas. Todos los zapatos me van grandes y no puedo seguir los pasos del baile. Por favor, ayudadme.

—Te ayudaremos. Para empezar, tendremos que multiplicarnos. Eres una hormiga y tienes seis patas. Y nosotros solamente somos dos. Así que tendremos que hacer un poco de magia para arreglarlo.

Los tacones dan dos puntadas de pie en el suelo. Los tacones se iluminan y aparecen dos tacones más. Y después, dos más.

—Ya está. Ahora, en lugar de dos tacones mágicos, ¡tienes seis! Ahora podrás ponértelos todos en tus seis patas de hormiga. No tengas miedo, estos tacones te quedarán bien. Nuestra magia hace que cualquier persona pueda bailar sin importar el tamaño de sus pies.

"My family dances flamenco. Every night, they put on a show in the square in front of the Giralda. But I can't dance. I am the only ant that has short legs. Every shoe is too big for me and I can't follow the dance steps. Please, help me."

"We will help you. To begin, we will have to multiply. You are an ant and you have six legs. And there are only two of us. So, we'll have to work a little magic to fix that."

The heels stamp the ground twice. The heels light up and two more heels appear. And then, two more.

"That's it. Now, instead of two magic heels, you have six! Now, you can put them all on your six ant legs. Don't be afraid, we will look good on you. Our magic makes it possible for anyone to dance regardless of the size of their feet."

Rita no duda y se pone los seis tacones. Le quedan perfectos. Rita salta de alegría con sus seis patas.

—Ahora, baila. Venga, baila flamenco como hace tu familia. Nosotros, los tacones mágicos, haremos que puedas seguir el ritmo del baile. No fallarás en ningún paso.

—¡Vale! ¡Allá voy!

Rita empieza a bailar. Ella nota que sus pies se mueven rápidamente. Rita consigue hacer todos los pasos del baile de flamenco. Rita baila sin parar durante varios minutos. Rita ahora puede bailar flamenco como sus hermanos. Rita ya no tiene miedo de bailar. Ella quiere enseñarle a su familia cómo baila.

—Tacones mágicos, ¡venid conmigo a la plaza! ¡Quiero que todo el mundo nos vea bailar!

Rita va a la plaza de la Giralda. Su familia está bailando flamenco. Rita se sube al escenario y baila con ellos. Su familia la mira bailar. Rita

Rita doesn't hesitate and puts on all six heels. They fit perfectly. Rita jumps in joy with her six legs.

"Now, dance. Come on, dance flamenco like your family does. We, the magic heels, will make sure you can keep up with the rhythm of the dance. You won't miss a step."

"Okay! Here I come!"

Rita starts dancing. She notices that her feet are moving quickly. Rita manages to do all the steps of the flamenco dance. Rita dances non-stop for several minutes. Rita can now dance flamenco like her brothers. Rita is no longer afraid to dance. She wants to show her family how she dances.

"Magic heels, come with me to the square! I want everyone to see us dance!"

Rita goes to the square in front of the Giralda. Her family is dancing flamenco. Rita gets on stage and dances with them. Her family watches her dance. Rita

está bailando flamenco. Ella no se equivoca en ningún paso.

Todo el mundo la mira y la aplaude. Rita y sus tacones mágicos lo han logrado. Rita ha cumplido su sueño. Rita es una hormiga que baila flamenco en la Giralda de Sevilla.

dances flamenco. She doesn't miss a step.

Everyone looks at her and applauds. Rita and her magic heels have done it. Rita has fulfilled her dream. Rita is an ant that dances flamenco in the Giralda of Seville.

2
El ingrediente secreto de las hallacas

The Secret Ingredient of the Hallacas

Las hallacas

La hallaca es un platillo típico de la gastronomía venezolana, hecho especialmente para las fiestas navideñas (Nochebuena, Navidad y Año Nuevo). Este platillo es parte de la fusión de tres culturas, europea, africana e indígena, donde toda la familia se reúne días antes de Navidad para la preparación del platillo variando la receta según la tradición familiar.

Esta es una navidad especial para María, ya tiene 9 años y ahora será la nueva encargada en casa de armar, con la hoja de plátano, las deliciosas hallacas. Es la primera vez en su vida que María ayuda a hacer las hallacas antes de Navidad y se siente muy emocionada y feliz.

La casa ya está toda adornada con el árbol, el mantel en la mesa y todos los detalles

Hallacas

The hallaca is a typical Venezuelan dish made especially for the Christmas holidays (Christmas Eve, Christmas, and New Year's Eve). This dish is the result of the fusion of European, African, and indigenous cultures, and the whole family gathers days before Christmas to prepare it, varying the recipe according to family tradition.

This is a special Christmas for Maria. She is already 9 years old, and now, she will be in charge of enveloping the delicious *hallacas* in banana leaves. For the first time in her life, Maria will help to prepare the *hallacas* before Christmas. She is very excited and happy.

With a Christmas tree, a tablecloth, and many Christmas ornaments in red and green,

navideños en rojo y verde. Toda la familia está reunida en la cocina y la abuela de María es la encargada de hacer el guiso de las hallacas. La mamá de María es quien ayuda a la abuela a cocinar.

La tarea de María es pequeña pero muy útil. Sin ella, no estarían armadas y bonitas las hallacas en aquella hoja de plátano. Sin embargo, María siempre quiere ayudar más, e intenta convencer a su mamá de que le permita ayudarla a hacer el guiso.

Pero no es tan fácil como cree. No se trata de no poder hacerlo como su madre, sino de algo muy inesperado: no tiene edad para saberse la receta secreta, o al menos eso le dice su mamá.

—¿Receta secreta? Y ¿por qué no puedo saberla? —dice mientras piensa en todo lo que podría ser aquella receta.

¿Sería algún invento de su madre para ocultarle la verdadera razón? Nadie lo sabe, pero lo cierto es que se propone revelar aquel secreto oculto.

the house is already pretty much decorated. The whole family has gathered in the kitchen and Maria's grandmother is in charge of preparing the stew for the *hallacas*. Maria's mom helps her grandmother cook.

Maria's task is small but very important. Without her, the *hallacas* wouldn't end up all pretty, enveloped in banana leaves. However, Maria loves helping out and tries to convince her mom to let her help her make the stew.

But it's not as easy as she thinks. It's not about not being able to make it like her mother, but something very unexpected—she's not old enough to know the secret ingredient, or so her mother tells her.

"A secret ingredient? And why can't I know it?" she says as she thinks about what that ingredient could be.

Was it a fabrication of her mother's to hide the real reason from her? Nobody knows. However, she intends to uncover the secret ingredient.

El ingrediente secreto no es algo que María pueda ignorar, y ella es la mejor en descifrar misterios. Entonces, empieza a trazar un plan único para descubrir aquel secreto familiar.

Aunque piensa mucho en cómo lograrlo, aún no consigue las respuestas a todas sus dudas, hasta que un día piensa en una idea increíble. Viajará en el tiempo hasta saber el origen de la receta familiar.

María es muy creativa y puede hacer una máquina del tiempo con lo único que necesita un niño: cajas de cartón. Así, crea la mejor máquina del tiempo. Rápida, cómoda y muy moderna, con la más avanzada tecnología.

Después de finalizada la creación del aparato, toma su máquina del tiempo y viaja hasta la época cuando su abuela era una niña.

Su abuela, con 7 años, se parecía mucho a María: inquieta, creativa y siempre buscando respuestas. Pero, asimismo, su abuela de 7 años solo tenía una tarea asignada cuando se trataba de hacer hallacas: amarrar la hoja de plátano.

Maria can't keep the secret ingredient out of her mind, and she is the best at solving mysteries. So, she begins to draw up a unique plan to uncover her family's secret.

Although she thinks a lot about how to achieve that, she still can't find an answer, until one day, she comes up with an incredible idea. She will travel back in time to investigate the origin of the family recipe.

Maria is very creative and can make a time machine with the only thing a child would ever need—cardboard boxes. Thus, she made the ultimate time machine. Fast, comfortable, and very modern, with state-of-the-art technology.

After she's finished creating the time machine, she uses it to travel back to the time when her grandmother was a child.

Her grandmother, at the age of 7, was a lot like Maria: restless, creative, and always looking for answers. But, like herself, her 7-year-old grandmother had only one task assigned to her

María se da cuenta de que allí no están las respuestas y no sabe cómo descubrir cuál es el ingrediente secreto de las hallacas.

Un poco triste por su fracaso, vuelve a su casa para cumplir con su tarea: amarrar las hallacas.

No es que no le guste hacerlo, simplemente quiere respuestas a todas sus dudas. Es una niña muy curiosa.

—¿Cómo puede existir una receta familiar y yo no saberla? —se repite a sí misma mientras ayuda en la cocina.

Su abuela la escucha hablando sola y se acerca a ella.

—Sí que sabes cuál es el ingrediente secreto de esta receta porque tú eres parte de él —le dice la abuela a la niña.

María no entiende qué quiere decirle su abuela. ¿Es ella el ingrediente secreto de la receta? ¿Cómo es eso posible? Sin embargo, su abuela le explica el porqué.

when it came to preparing the *hallacas*: enveloping them in banana leaves.

Maria realizes that the answers aren't there and that she doesn't know how to find out what the secret ingredient of the *hallacas* is.

A little saddened by her failure, she returns home to fulfill her task: enveloping the *hallacas*.

It's not that she doesn't enjoy it, it's just that she wants her every question answered. She is a very curious child.

"How can it be called a family recipe if I don't know it?" she says to herself as she helps in the kitchen.

Her grandmother hears her talking to herself and approaches her.

"You do know what the secret ingredient of this recipe is because you are part of it," says the grandmother to the girl.

—Cuando nos reunimos a hacer hallacas, lo hacemos porque somos una familia. Cuando estamos juntos, toda receta tiene mejor sabor y todas las navidades son más divertidas. El secreto es ese: tu mamá cocinando las hallacas, tú amarrándolas y yo haciendo el guiso. El secreto siempre fue estar juntos y celebrar la Navidad en familia, eso es lo que verdaderamente importa.

En ese momento, María entiende por fin que siempre supo el ingrediente secreto. Sus dudas se calman y, con una gran sonrisa, amarra todas las hallacas hasta dejarlas bonitas y ordenadas.

Besa a su mamá y a su abuela y va hasta la mesa con todos sus familiares para disfrutar una rica cena navideña. En el futuro, ella también será quien hará el guiso o cocinará las hallacas, y siempre contará la historia de cómo las hallacas saben mejor con el ingrediente secreto.

Maria doesn't understand what her grandmother tries to tell her. Is she the secret ingredient? How is that possible? However, her grandmother explains it to her.

"When we get together to make *hallacas*, we do it because we are a family. When we are together, every recipe tastes better and every Christmas is more fun. That's the secret: your mom cooking the *hallacas*, you tying them up and me making the stew. The secret ingredient always was being together and celebrating Christmas as a family—that's what really matters."

At that moment, Maria finally understands that she always knew what the secret ingredient was. Her doubts go away and with a big smile, she ties all the *hallacas* up until they are nice and tidy.

She kisses her mother and grandmother on the cheek and goes to the table, along with all her relatives, to enjoy a delicious Christmas dinner. In the future, she will make the stew or cook

the *hallacas* as well, and she will always tell the story of how the *hallacas* taste better with a certain secret ingredient.

3
Vacaciones en Isla Mujeres
A Vacation in Isla Mujeres

Isla Mujeres

Isla Mujeres es una isla de México. Está en el mar Caribe. El agua que la rodea es turquesa y cálida. Muchos turistas visitan la isla durante todo el año.

Dalia es una hechicera. Hoy es un día especial para Dalia. Hoy cumple 15 años. Está emocionada. Cumplir años es muy importante para ella.

Su madre prepara un pastel. Por la tarde, las amigas de Dalia la visitan. Dalia, su familia y sus amigas comen el pastel. Luego, llega la hora de los regalos.

La mamá de Dalia le obsequia un diario. Allí, Dalia podrá escribir todos sus sueños. El papá de Dalia le obsequia una cámara fotográfica. Dalia podrá tomar fotos de muchos lugares.

Isla Mujeres

Isla Mujeres is an island in Mexico. It is located in the Caribbean Sea. The water that surrounds it is turquoise and warm. Many tourists visit the island throughout the year.

Dalia is a sorceress. Today is a special day for Dalia. Today is her 15th birthday. She is excited. Her birthday is very important to her.

Her mother prepares a cake. In the afternoon, Dalia's friends visit her. Dalia, her family, and friends eat the cake. Then, it's time for the gifts.

Dalia's mother gives her a diary. There, Dalia will be able to write down all her dreams. Dalia's father's gift is a camera. Dalia will be able to take pictures of many places.

Luego, llega un momento muy especial. Las amigas de Dalia también le dan un obsequio. Un sobre. Dalia lo abre y encuentra un billete de avión. Es un billete de avión hacia Isla Mujeres, en México.

Dalia está feliz. Siempre ha querido viajar a Isla Mujeres. Isla Mujeres es la isla favorita de Dalia. A ella le encanta el agua turquesa del mar.

Dalia abraza a sus amigas.

—Gracias, las extrañaré durante el viaje —dice Dalia.

—No lo harás... —responde una—. ¡Porque viajaremos juntas!

Dalia se siente emocionada.

—Será un viaje de amigas. Tendremos unas lindas vacaciones juntas —le dice otra de sus amigas.

Then comes a very special moment. Dalia's friends also give her a gift. An envelope. Dalia opens it and finds a plane ticket inside. It's a plane ticket to Isla Mujeres in Mexico.

Dalia is happy. She has always wanted to travel to Isla Mujeres. Isla Mujeres is Dalia's favorite island. She loves the sea's turquoise water.

Dalia hugs her friends.

"Thank you, I will miss you during the trip," says Dalia.

"You won't..." replies one of them. "Because we will travel together!"

Dalia is excited.

"It will be a friends' trip. We'll have a nice vacation together," says another of her friends.

—Gracias a todos. Serán unas vacaciones hermosas. Llevaré mi diario para escribir lo que suceda. Y llevaré mi cámara para tomar muchas fotos. Será un viaje hermoso. ¡Este es el mejor cumpleaños! —responde Dalia emocionada.

Al día siguiente, Dalia y sus amigas viajan hacia México. Desde el avión, Dalia mira el paisaje.

Ella ve la mar turquesa. También ve algunas islas. En las islas, hay arena blanca.

Dalia y sus amigas llegan a México. Es un día soleado y caluroso. Dalia y sus amigas dejan su equipaje en el hotel. Ellas caminan hacia la playa. En el camino, Dalia siente una brisa en su cara.

Ella puede oler el aroma del mar. Se siente feliz.

Dalia y sus amigas llegan al mar. Hay muchas personas. Dalia camina hacia la orilla. El agua es turquesa y muy transparente. Dalia puede ver algunos peces de colores. Dalia moja sus pies en la orilla. El agua es cálida.

"Thank you all. It will be a beautiful vacation. I will take my journal with me to write down whatever happens. And I will bring my camera to take lots of pictures. It will be a beautiful trip. This is the best birthday ever!" Dalia answers excitedly.

The next day, Dalia and her friends travel to Mexico. From the plane, Dalia looks at the landscape.

She sees the turquoise sea. She also sees some islands. On the islands, the sand is white.

Dalia and her friends arrive in Mexico. It is a hot, sunny day. Dalia and her friends leave their luggage at the hotel. They walk to the beach. On the way, Dalia feels the breeze on her face.

She can smell the scent of the sea. She feels happy.

Dalia and her friends arrive at the sea. There are many people there. Dalia walks to the shore. The water is turquoise and very trans-

El primer día en México es hermoso. Dalia y sus amigan nadan en el mar. También buscan caracolas en la orilla. Ellas pasean por la orilla. Por la tarde, ellas se sientan en la arena y miran el atardecer juntas.

El segundo día en México es emocionante. Dalia y sus amigas aprenden a bucear. Ellas bucean en el fondo del mar. Dalia puede ver peces. Ella también ve estrellas de mar. El fondo del mar es increíble.

El tercer día en México es especial. Dalia y sus amigas hacen esnórquel en un lugar hermoso. Hacen esnórquel entre corales. A Dalia siempre le han gustado los corales. Ella ve sus colores brillantes y también ve pequeños peces de colores. Dalia se siente muy feliz.

El cuarto día en México es el último. Dalia y sus amigas salen a caminar. Ellas caminan por calles de tierra. Ellas ven muchos árboles y plantas. Ellas ven las olas en el mar. Ellas ven algunas gaviotas en el cielo. Es un día perfecto.

parent. Dalia can see some colorful fish. Dalia wets her feet on the shore. The water is warm.

Their first day in Mexico is beautiful. Dalia and her friends swim in the sea. They also look for shells on the shore. They stroll along the shore. In the evening, they sit on the sand and watch the sunset together.

Their second day in Mexico is exciting. Dalia and her friends learn to dive. They dive to the bottom of the sea. Dalia can see fish. She also sees starfish. The bottom of the sea is incredible.

Their third day in Mexico is special. Dalia and her friends snorkel in a beautiful spot. They snorkel among corals. Dalia has always liked corals. She sees their bright colors and also sees small goldfish. Dalia is very happy.

Their fourth day in Mexico is the last one. Dalia and her friends go for a walk. They walk on dirt roads. They see many trees and plants. They see the waves in the sea. They see some seagulls in the sky. It's a perfect day.

Por la tarde, Dalia y sus amigas van al mar. Ellas se sientan en la orilla. Ellas miran el atardecer. El cielo está naranja. El sol desaparece lentamente. En el aire, hay una brisa suave.

El mar está en calma. Todo el mar está en silencio. Es un momento de mucha paz. Dalia se siente muy feliz.

Dalia toma algunas fotos. Ella toma fotos del atardecer. Ella también se toma fotos con sus amigas.

Dalia y sus amigas regresan a casa. Ha sido un viaje perfecto. Dalia toma su diario. Ella le pega una foto del atardecer en México. Debajo de la foto, Dalia escribe:

«Recuerdo de unas vacaciones perfectas».

Dalia cierra su diario. Ella sonríe. México es un lugar hermoso.

«México es mágico», piensa Dalia.

Dalia se siente feliz.

In the afternoon, Dalia and her friends go to the sea. They sit on the sand. They watch the sunset. The sky is orange. The sun slowly disappears. In the air, there is a gentle breeze.

The sea is calm. The whole sea is silent. It is a moment of great peace. Dalia is very happy.

Dalia takes some pictures. She takes pictures of the sunset. She also takes pictures with her friends.

Dalia and her friends return home. It was a perfect trip. Dalia picks up her diary. She pastes a photo of the sunset in Mexico on it. Below the photo, Dalia writes: "Memories of a perfect vacation".

Dalia closes her diary. She smiles. Mexico is a beautiful place.

Mexico is magical, Dalia thinks.

Dalia feels happy.

4

El tritón Bruno y la paella española

Bruno the Merman and the Spanish Paella

La paella española

La paella es un plato tradicional español de origen Valenciano. La receta original es elaborada con arroz tipo bomba, verduras y carne. Es uno de los platos más famosos de la gastronomía española y los turistas siempre la piden en los restaurantes cuando visitan el país.

Bruno es un tritón chef que vive en el fondo del mar Mediterráneo. Bruno es un tritón muy alegre. Tiene un restaurante en la ciudad submarina de Benidorm. El restaurante de Bruno es el más famoso del mar. Todos los peces van a degustar sus platos. Bruno es un cocinero excelente. Él sabe cocinar los mejores platos de pescado y algas marinas del Mediterráneo.

Bruno sube cada día a la superficie del mar. A él le gusta observar a los humanos. Cuando Bruno

Spanish paella

The paella is a traditional Spanish dish of Valencian origin. The original recipe is made with bomba rice, vegetables, and meat. It is one of the most famous Spanish dishes and tourists always ask for it in restaurants when they visit the country.

Bruno the merman is a cook who lives at the bottom of the Mediterranean Sea. Bruno is a very cheerful merman. He has a restaurant in the underwater city of Benidorm. Bruno's restaurant is the most famous in all of the seas. All the fish go there to taste his dishes. Bruno is an excellent cook. He knows how to cook the best fish and seaweed dishes in the Mediterranean Sea.

Bruno goes up to the surface every day. He likes to observe humans. When Bruno

sube a la superficie del mar, se acerca a la orilla de playa. La playa en la que vive Bruno está en Benidorm, en Valencia. Es una playa muy grande y llena de turistas. En el centro de la playa, hay un gran restaurante. El restaurante prepara las mejores paellas de España.

El restaurante tiene una chef muy famosa. Se llama María y hace unas paellas deliciosas. Bruno admira mucho a María. Él quiere aprender a hacer paella y servirla en su restaurante del fondo del mar.

Una tarde, Bruno ve a María pasear por la orilla de playa. María se sienta en la orilla de la playa y cierra los ojos. Bruno se acerca muy despacio y la llama por su nombre:

—María, ¡*pssss*! María, ¡aquí!

María abre los ojos y se levanta muy asustada. Ella no sabe de dónde viene esa voz. María mira hacia la orilla y ve a Bruno. Ella se fija en su cola de pez. Bruno es un tritón. Los tritones son mitad humano y mitad pez. María grita y, señalando a Bruno, le pregunta:

goes to the surface, he approaches the shore. The beach where Bruno lives is located in Benidorm, Valencia. It is a very large beach that is full of tourists. In the center of the beach, there is a large restaurant. The restaurant prepares the best paellas in Spain.

The restaurant has a very famous chef. Her name is Maria and she makes delicious paellas. Bruno admires Maria very much. He wants to learn how to make paella so he can serve it in his restaurant at the bottom of the sea.

One afternoon, Bruno sees Maria walking along the shore. Maria sits on the shore and closes her eyes. Bruno approaches her very slowly and calls her name: "Maria! Pssst! Maria, over here!"

Maria opens her eyes and gets up very frightened. She doesn't know where that voice is coming from. Maria looks toward the sea and sees Bruno. She notices his fish tail. Bruno is a merman. Mermen are half-human and

—¿Eres un pez? ¿O eres un humano? ¿Tienes cola de pez? ¿Eres una sirena? Pero ¿cómo puede ser? ¿Puedes hablarme? ¡No entiendo nada! Explícate, por favor.

—Tranquila, María, te lo explicaré todo. Mi nombre es Bruno y soy un tritón. Como puedes ver, soy mitad humano y mitad pez. Por eso, puedo hablar contigo, pero no puedo vivir fuera del mar. Soy chef, tengo mi restaurante en una ciudad bajo el mar. Llevo tiempo observando tu restaurante.

—Espera, espera. Más despacio, por favor. Eres un tritón. Vale. Y eres cocinero bajo el mar. Lo que no entiendo es por qué me observas cocinar. Ya tienes tu propio restaurante ahí abajo y te va bien, ¿verdad?

—Sí, pero quiero aprender más cosas. Solamente cocino pescado y algas. Me encantaría aprender a cocinar una paella. ¿Tú me enseñarías?

half-fish. Maria shouts and, pointing to Bruno, asks him, "Are you a fish? Or a human? Do you have a fish tail? Are you a mermaid? But how can that be? Can you talk to me? I don't understand! Please offer me an explanation."

"Maria, don't fret. I will explain everything to you. My name is Bruno and I am a merman. As you can see, I am half-human and half-fish. That means that I can talk to you, but I can't live outside the sea. I am a cook. I have my restaurant in a city under the sea. I have been watching your restaurant for some time."

"Wait, wait. Slow down, please. You're a merman. Alright. And you are a cook under the sea. What I don't understand is why you watch me cook. You already have your own restaurant down there and you're doing well, right?"

"Yes, but I want to learn more things. I only cook fish and seaweed. I would love to learn how to cook paella. Would you teach me?"

María piensa durante varios minutos en silencio. María sonríe y se acerca un poco más a la orilla.

—¡Lo haré! Me parece fascinante poder enseñarle mi cocina a un tritón. La paella es el mejor plato que tenemos en España. También se tendría que poder disfrutar de su sabor en el fondo del mar.

—¡Gracias, María! ¿Cuándo empezamos las clases?

—¡Ahora mismo! Cogeré mi pequeño barco y te enseñaré cada día durante una hora. Aquí en la orilla, hay demasiada gente y no podríamos hacer nada.

María va a por su barco, se sube a él y se aleja de la orilla. En el barco, ha metido todos los ingredientes para hacer paella. Bruno sigue el barco muy de cerca. María, cada tarde, enseña a Bruno los secretos de la paella española. Bruno toma nota de todo lo que ella hace y dice. Después, Bruno baja al fondo del mar y pone en práctica sus consejos.

Maria thinks about it for several minutes in silence. Maria smiles and moves a little closer to the shore.

"I will! I find it fascinating to be able to show a merman my kitchen. Paella is the best dish in all of Spain. Its flavor should also be enjoyed at the bottom of the sea."

"Thank you, Maria! When will your lessons start?"

"Right now! I will take my little boat and teach you every day for an hour. Here on the shore, there are too many people, and we wouldn't be able to do anything."

Maria goes to get her boat, gets in it, and pulls away from the shore. She brought with her, in the boat, all the ingredients to make paella. Bruno follows the boat closely. Every afternoon, Maria teaches Bruno the secrets of the Spanish paella. Bruno takes note of everything she does and says. Bruno then goes down to the bottom of the sea and puts her advice into practice.

—La paella necesita arroz, carne y verduras. ¡Y cariño, mucho cariño! No lo olvides, Bruno.

—¡No lo olvidaré!

Después de dos semanas de clases, Bruno hace su primera paella. Es una paella típica valenciana.

María la prueba y salta de alegría.

—¡Está muy rica, Bruno! ¡Felicidades, ya sabes hacer paella! Eres un gran chef, amigo mío.

—Sin ti, no lo habría conseguido, María. Gracias de corazón.

Bruno ahora sabe hacer paella de todos los tipos. En el menú de su restaurante, ahora hay un apartado especial para las paellas. Bruno cocina paella de carne y paella de mariscos.

Los tritones y las sirenas de todo el océano van a su restaurante para comer sus paellas. Ahora, todos piden un plato de paella para comer. Bruno es el mejor chef del fondo del

"Paella needs rice, meat and vegetables. And love, lots of love! Don't forget that, Bruno."

"I won't forget it!"

After two weeks of lessons, Bruno makes his first paella. It is a typical Valencian paella.

Maria tastes it and jumps in joy.

"It's very tasty, Bruno! Congratulations, you already know how to make paella! You are a great cook, my friend."

"Without you, I wouldn't have made it, Maria. Thank you from the bottom of my heart."

Bruno now knows how to make paellas of all kinds. In the menu of his restaurant, there is now a special section for paellas. Bruno cooks meat paella and seafood paella.

Mermen and mermaids from all over the ocean come to his restaurant to eat his paellas. Now, everyone orders a plate of paella for lunch. Bruno is the best cook at the bottom of the

Mediterráneo y se siente muy feliz de haber conocido a la cocinera María.

El fondo marino ya tiene un nuevo plato estrella: la paella del tritón Bruno.

Mediterranean Sea and is very happy to have met the cook, Maria.

The bottom of the sea now has a new signature dish—Bruno the merman's paella.

5
Un domingo de Pascua

An Easter Sunday

La Pascua en Argentina

La Pascua se celebra en Argentina 40 días después de carnaval. Durante el domingo de Pascua, es tradición obsequiarse huevos de chocolate. En algunos hogares, los adultos esconden los huevos para que los niños los encuentren.

Hoy es un día bello. Es un domingo de abril. El sol brilla fuerte. Los árboles todavía tienen muchas hojas verdes. Es un día cálido. Es un hermoso domingo de Pascua. José está feliz. Él irá con su hermano mayor al parque. Juntos, buscarán huevos de chocolate. José se siente emocionado. Él lleva una canasta en la mano. En la canasta, colocará los huevos de chocolate.

Los domingos de Pascua, los niños van al parque. Ellos hacen una búsqueda muy divertida.

Easter in Argentina

In Argentina, Easter is celebrated 40 days after Carnival. During Easter Sunday, it is a tradition to give each other chocolate eggs. In some households, adults hide eggs for children to find.

Today is a beautiful day. It is a Sunday in April. The sun is shining brightly. The trees still have many green leaves. It is a warm day. It is a beautiful Easter Sunday. Jose is happy. He will go with his older brother to the park. Together, they will search for chocolate eggs. Jose is excited. He carries a basket in his hand. In the basket, he will place the chocolate eggs.

On Easter Sunday, the children go to the park. They have fun searching.

Ellos buscan huevos de chocolate. El conejo de Pascua esconde los huevos de chocolate. Los niños se divierten buscándolos.

José camina hacia el parque. Él va de la mano de su hermano. En el camino, ve a otros niños. Ellos también buscarán huevos de chocolate. De pronto, José se preocupa.

—Bruno, ¿y si no encuentro huevos de chocolate? —le dice a su hermano.

—José, no te preocupes. El conejo esconde huevos de chocolate para todos los niños. Encontrarás un huevo de chocolate delicioso, te lo prometo.

José y su hermano llegan al parque. Ellos comienzan a buscar los huevos de chocolate. Primero, José busca detrás de un arbusto. No hay huevos de chocolate.

—Aquí no hay nada. Busquemos en otro lugar —le dice José a su hermano.

Caminan hacia la fuente de agua. José asoma su cabeza sobre el agua. Solo ve algunos peces

They search for chocolate eggs. The Easter Bunny hides the chocolate eggs. Children have fun looking for them.

Jose walks to the park. He goes hand in hand with his brother. Along the way, he sees other children. They will also search for chocolate eggs. Suddenly, Jose becomes concerned.

"Bruno, what if I can't find chocolate eggs?" he asks his brother.

Don't worry, Jose. The Easter Bunny hides chocolate eggs for all children. You will find a delicious chocolate egg, I promise."

Jose and his brother arrive at the park. They start looking for chocolate eggs. First, Jose looks behind a bush. There are no chocolate eggs there.

"There is nothing here. Let's look elsewhere," says Jose to his brother.

They walk to the water fountain. Joseph pokes his head above the water. He only sees a few small fish

pequeños nadando. No hay huevos de chocolate.

—Aquí tampoco hay huevos. Tal vez otros niños ya los encontraron —le dice José a su hermano.

—No lo creo, José. Sigamos buscando. Mira, allí hay una montaña de hojas. Busquemos allí.

Los hermanos corren hacia las hojas. José se quita sus zapatos y... ¡SPLASH! Se zambulle entre las hojas. José busca y busca, pero no hay huevos de chocolate. Él sale de la montaña de hojas. Él se siente triste.

—Ya no importa. Vámonos. Seguro que otros niños ya se han llevado todos los huevos —le dice José a su hermano.

—No te preocupes. Volveremos el año que viene y encontraremos muchos huevos de chocolate, ¡te lo prometo!

José y su hermano caminan para salir del parque. De repente, oyen un ruido. José se acerca a un arbusto de flores amarillas. Algo en el

swimming. There are no chocolate eggs there.

"There are no eggs here either. Maybe other children have already found them," Jose tells his brother.

"I don't think so, Jose. Let's keep looking. Look, there's a pile of leaves over there. Let's look there."

The siblings run towards the pile of leaves. Jose takes off his shoes and... SPLASH! He plunged into the leaves. Jose searches and searches, but there are no chocolate eggs. He comes out of the pile of leaves. He feels sad.

"It doesn't matter anymore. Let's go. I'm sure other children have already found all the eggs," Jose says to his brother.

"Don't worry. We'll be back next year and we'll find lots of chocolate eggs, I promise!"

Jose and his brother walk to get out of the park. Suddenly, they hear a noise. Jose approaches a bush with yellow flowers. Something in the

arbusto se mueve. José acerca su mano y de pronto... ¡el conejo de Pascua aparece de un salto!

José no puede creerlo. El conejo es hermoso. Tiene el pelo de color marrón. Su pelo es esponjoso. Tiene orejas grandes de color rosado. Su nariz es pequeña y de color rosado. El conejo usa zapatos pequeños de color azul. Él tiene una gran bolsa de colores.

—¡Niños! —dice el conejo con sorpresa y alegría—. Soy el conejo de Pascua. Qué bueno que están aquí. Necesito ayuda. ¡Necesito completar una misión muy importante! ¿Pueden ayudarme, por favor?

—¡Por supuesto! —responde José con emoción—. ¿Cómo podemos ayudarte?

—Bueno —responde el conejo un poco avergonzado—. Hoy es domingo de Pascua. Debo esconder muchos huevos de chocolate en el parque. Los niños buscan esos huevos con sus familias. Pero hay un problema. ¡Hoy me he quedado dormido! No he escuchado el desper-

bush is moving. Jose reaches for the bush and suddenly... the Easter Bunny appears hopping!

Jose can't believe it. The bunny is beautiful. It has brown hair. Its hair is fluffy. It has large pink ears. Its nose is small and pink. The bunny wears small blue shoes. He has a big, colorful bag.

"Children!" says the bunny with surprise and joy. "I am the Easter Bunny. I'm glad you're here. I need help. I need to complete a very important mission! Can you help me, please?"

"Of course!" Jose answers excitedly. "How can we help you?"

"Well," replies the bunny, a little embarrassed. "Today is Easter Sunday. I must hide a lot of chocolate eggs in the park. Children look for these eggs with their families. But there is a problem—I overslept today! I didn't hear the alarm

tador. Ahora, es muy tarde. Los niños ya están en el parque. ¡Y los huevos están aquí! —dice el conejo, señalando su gran bolsa de colores.

—¡Ahora lo entiendo! —dice José alegremente— Hoy no he encontrado ningún huevo... ¡porque no había huevos!

—Lo siento —responde el conejo de Pascua con pena—. ¿Me ayudan a esconder estos huevos, por favor?

—¡Por supuesto! — responden José y su hermano con emoción.

—De acuerdo, niños —dice el conejo, mientras les entrega algunos huevos—. ¡A trabajar!

José, su hermano y el conejo de Pascua comienzan a esconder los huevos. El parque está lleno de niños. Ellos deben esconder los huevos rápidamente. Ellos esconden huevos detrás de la fuente de agua. También, dejan huevos entre los arbustos y debajo de los árboles. También, esconden huevos detrás del estanque de los patos.

clock. Now, I am late. The children are already in the park. And the eggs are here!" says the bunny, pointing to his big, colorful bag.

"Now I get it!" says Jose joyfully. "I didn't find any eggs today... because there weren't any!"

"I'm sorry," replies the Easter Bunny ruefully. "Can you help me hide these eggs, please?"

"Of course!" Jose and his brother respond with emotion.

"Okay, children," says the bunny, as he hands them some eggs. "Let's get to work!"

Jose, his brother, and the Easter Bunny begin to hide the eggs. The park is full of children. They must hide the eggs quickly. They hide eggs behind the water fountain. They also place eggs among bushes and under trees. They hide eggs behind the duck pond as well.

Después de un largo rato, terminan la aventura. Todos los huevos ya están escondidos.

—Gracias niños. ¡Fue muy divertido! Tengo algo para vosotros.

El conejo de Pascua saca algo de su bolsa de colores. Es un gran huevo de chocolate. Él se lo da a José y a su hermano. Los niños le agradecen y regresan a su casa.

—¡Es el mejor domingo de Pascua! —dice José con felicidad.

—Así es. ¡Y el mejor huevo de chocolate!

After a long time, they finish their adventure. All the eggs are now hidden.

"Thank you, children. It was a lot of fun! I have something for you."

The Easter Bunny pulls something out of his colorful bag. It's a big chocolate egg. He gives it to Jose and his brother. The children thank him and return home.

"It's the best Easter Sunday ever!" says Jose happily.

"That's right. And the best chocolate egg ever as well!"

6
El ratón Pérez

Perez the Little Mouse

El ratón Pérez

En la cultura hispana, cuando a un niño se le caen sus dientes de leche, debe ponerlo debajo de su almohada. Por la noche, el ratón Pérez lo visita, se lleva el diente y le deja dinero.

Hoy es un día muy especial para Sara. Ha perdido su primer diente. Muy emocionada, Sara le muestra el diente a su mamá.

—¡Tu primer diente! Debes guardarlo debajo de tu almohada. Por la noche, el ratón Pérez vendrá a visitarte. Él colecciona los dientes de los niños. Él se llevará tu diente. Te dejará un poco de dinero debajo de la almohada —le dice su mamá.

Sara está emocionada. Con el dinero, comprará un gran helado de chocolate. Por la noche, Sara se prepara para dormir. Se pone su pijama. Luego, cepilla sus dientes. Su padre

Perez the Little Mouse

In the Hispanic culture, when a child's baby teeth fall out, they place it under their pillow. At night, Perez the Little Mouse visits them, takes their tooth, and leaves them some money.

Today is a very special day for Sara. Her first baby tooth has fallen out. Very excited, Sara shows the tooth to her mom.

"Your first baby tooth! You should place it under your pillow. At night, Perez the Little Mouse will come to visit you. He collects children's teeth. He will take your tooth. He'll leave you some money under your pillow," her mother tells her.

Sara is excited. With the money, she will buy a lot of chocolate ice cream. At night, Sara prepares for bed. She puts on her pajamas. Then brushes her teeth. Her father

le lee un cuento para dormir. Por último, ella guarda el diente debajo de su almohada.

—¡No puedo esperar para comer un helado de chocolate!

Con una sonrisa en su cara, Sara se duerme.

Amanece. Es un día hermoso y soleado. Los pájaros cantan en el árbol. Una señora pasea a su perro. Un señor lee un periódico en la vereda. Parece un día perfecto. Sara despierta. Se sienta en su cama. Desliza su mano debajo de la almohada.

—¡Oh, no, no hay nada! —grita con tristeza.

Su mamá la escucha y camina hacia su habitación.

—¿Qué sucede, Sara? —le pregunta con sorpresa.

—El ratón Pérez no ha venido. No podré comer helado de chocolate —dice llorando.

—¿Cómo sabes que no ha venido? —pregunta su mamá.

reads her a bedtime story. Finally, she places the fallen tooth under her pillow.

"I can't wait to have some chocolate ice cream!" she says.

With a smile on her face, Sara falls asleep.

The sun rises. It is a beautiful, sunny day. Some birds sing in a tree. A lady walks her dog. A man reads a newspaper on the sidewalk. It looks like a perfect day. Sara wakes up. She sits on her bed. She slides her hand under the pillow.

"Oh, no, there's nothing there!" she exclaims sadly.

Her mother hears her and walks into her room.

"What is it, Sara?" she asks with surprise.

"Perez the Little Mouse didn't come. I won't be able to eat chocolate ice cream," she says, crying.

"How do you know he didn't come?" asks her mother.

—Porque no hay dinero debajo de mi almohada —responde Sara.

—¡Tengo una idea! Busquemos el dinero en otro lugar. Tal vez, está en otra parte de la casa.

—De acuerdo —responde Sara secando sus lágrimas.

Sara y su mamá caminan hacia otra habitación. Allí, duermen sus padres. Sara desliza su mano debajo de la almohada. No hay dinero.

—Aquí no hay nada —le dice triste a su mamá.

—De acuerdo. Sigamos buscando.

Ambas caminan hacia la habitación de Miguel, el hermano de Sara. Sara desliza su mano debajo de la almohada. Allí, tampoco hay dinero.

—Aquí tampoco.

—Busquemos en la sala —responde su mamá.

Sara y su mamá bajan las escaleras. En el sillón, hay almohadones. Sara levanta un almohadón. No hay dinero. Levanta otro almohadón. Nada.

"Because there is no money under my pillow," answers Sara.

"I have an idea! Let's look for the money elsewhere. Maybe it's somewhere else in the house."

"All right," Sara replies while she dries her eyes.

Sara and her mother walk into another room. It's where her parents sleep. Sara slides her hand under the pillow. There is no money there.

"There's nothing here," she says sadly to her mother.

"All right. Let's keep looking."

They both walk to Sara's brother Miguel's room. Sara slides her hand under the pillow. There is no money there either.

"It isn't here either."

"Let's look in the living room," replies her mother.

—Oh, no. Creo que el ratón Pérez se ha olvidado de mí. Se olvidó de mi dinero. No podré comer helado de chocolate. ¡Estoy muy triste!

—Sara —la tranquiliza su mamá—. No te preocupes. Iremos a visitar a tu abuela. Ella cocinará un rico pastel hoy. Eso te hará feliz.

Llegan a la casa de la abuela. Ella está haciendo un pastel. Deja de cocinar y abraza a Sara.

—Sara, ¡se te ha caído un diente! —le dice su abuela.

—Sí, abuela, pero el ratón Pérez se ha olvidado de mí. No me dejó dinero debajo de la almohada. No podré comer helado de chocolate.

—Lo lamento mucho, Sara —responde su abuela—. ¿Sabes qué? Puedes ayudarme a hacer este pastel. Quítate el abrigo, así no lo ensuciarás.

—¡Excelente! —responde Sara—. Dejaré mi abrigo en tu habitación.

Sara and her mom go downstairs. There are cushions on the armchair. Sara lifts a cushion. There is no money there. She lifts another cushion. Nothing.

"Oh, no. I think Perez the Little Mouse forgot about me. He forgot my money. I won't be able to eat chocolate ice cream. I am very sad!"

"Sara," her mother reassures her. "Don't worry. We will go visit your grandmother. She will bake a nice cake today. That will make you happy."

They arrive at her grandmother's house. She is baking a cake. She stops and hugs Sara.

"Sara, you've lost a tooth!" her grandmother tells her.

"Yes, grandmother, but Perez the Little Mouse forgot about me. He didn't leave any money under my pillow. I won't be able to eat chocolate ice cream."

"I'm so sorry, Sara," her grandmother replies. "You know what? You can help me make this

Sara corre hacia la habitación de su abuela. Está muy apurada. Se quita su abrigo rápidamente. Sin darse cuenta, tira la almohada de la cama. Sara descubre algo brillante. ¡Son monedas! ¡Hermosas y brillantes monedas! Entre ellas encuentra un papel escrito. Sara lo toma y lee: "Querida Sara, este dinero es para ti. Felicitaciones por tu primer diente. Volveré cuando pierdas otro diente. Con cariño, el ratón Pérez".

Sara se siente feliz. Corre hacia la cocina.

—¡Mamá! ¡Abuela! —grita con alegría—. ¡El ratón Pérez pasó por aquí!

—Sara —responde su abuela—. ¿Que el ratón Pérez pasó por aquí?

—Sí, abuela —responde Sara—. Mira, me dejó dinero. ¡Y escribió una nota!

La mamá de Sara toma el papel. Lo lee en voz alta. Le dice a Sara:

—Sara, ¡esto es maravilloso! El ratón Pérez no se olvidó de ti. ¡Solo confundió la dirección!

cake. Take off your coat, so you won't get it dirty."

"Awesome!" Sara replies. "I'll leave my coat in your room."

Sara runs to her grandmother's room. She is in a hurry. She quickly takes off her coat. Without realizing it, she throws a pillow off the bed. Sara uncovers something shiny. They are coins! Beautiful, shiny coins! Among them is a piece of paper. Sara takes it and reads it: "Dear Sara, this money is for you. Congratulations on your first fallen tooth. I'll be back when another tooth falls out. Love, Perez the Little Mouse."

Sara feels happy. She runs to the kitchen.

"Mother! Grandmother!" she shouts with joy. "Perez the Little Mouse came by!"

"Sara," her grandmother replies, "did you just say Perez the Little Mouse came by?"

"Yes, grandmother," Sara replies. "Look, he left money for me. And he wrote a note!"

—Así es, Sara —dice su abuela—. Ahora, terminemos el pastel. Luego, adivina a dónde iremos.

—¡A comprar un helado de chocolate! —grita Sara con felicidad.

Sara se siente muy bien. Termina de hornear el pastel con su abuela. Sara, su mamá y su abuela se preparan para salir. Van al parque y compran el helado de chocolate. Mientras lo toma, Sara piensa:

—¡Espero que, la próxima vez, el ratón Pérez no se equivoque de dirección!

Sara's mother takes the piece of paper. She reads the note out loud. She says to Sara: "Sara, this is wonderful! Perez the Little Mouse didn't forget about you. He just got the address wrong!"

"That's right, Sara," says her grandmother. "Now, let's finish the cake. Then, guess where we will go!"

"We'll go buy chocolate ice cream!" shouts Sara happily.

Sara feels great. She finishes baking the cake with her grandmother. Sara, her mother, and her grandmother get ready to leave. They go to the park and buy chocolate ice cream.

I hope Perez the Little Mouse doesn't get the address wrong next time, Sara thinks as she eats it.

7

El gnomo Miguelito quiere ser fallero

Miguelito the Gnome Wants to be a Fallero

Las Fallas de Valencia

Las Fallas de Valencia es una vieja tradición que se celebra en la ciudad de Valencia durante el mes de marzo. En las Fallas, se construyen grandes figuras de madera que después se queman. Junto a las hogueras, se lanzan muchos petardos y se realizan conciertos de música tradicional.

El gnomo Miguelito vive dentro de una seta. Miguelito es un gnomo pequeño y curioso.

Miguelito vive en Valencia. Valencia es la tierra de las Fallas. Las Fallas es un espectáculo de fuegos artificiales y hogueras muy famoso. Miguelito quiere participar en las Fallas, pero es demasiado pequeño.

Los gnomos suelen tener miedo de los petardos, pero Miguelito no. Él adora el ruido de los petardos y las hogueras de las Fallas. Miguelito

The Fallas of Valencia

The Fallas of Valencia is an old tradition that is celebrated in the city of Valencia during the month of March. As part of the Fallas tradition, large wooden figures are built and then burned. Along with the bonfires, people set off a lot of fireworks and play traditional music.

Miguelito the gnome lives inside a mushroom. Miguelito is a small and curious gnome.

Miguelito lives in Valencia. Valencia is the land of the *Fallas*. The *Fallas* is a very famous show full of fireworks and bonfires. Miguelito wants to take part in the *Fallas*, but he is too small.

Gnomes are usually afraid of fireworks, but Miguelito isn't. He loves the noise fireworks make and the bonfires of the *Fallas*. Miguelito

quiere ser fallero. Los falleros construyen figuras gigantes de madera y luego las queman. Es una tradición valenciana muy antigua.

Una mañana, mientras pasea, Miguelito se encuentra con una cigüeña. La cigüeña lleva una bolsa verde. Es una bolsa muy bonita. Dentro, hay muchos papeles.

Miguelito se acerca a la cigüeña y le pregunta:

—¡Hola! ¿Qué llevas en esa bolsa?

La cigüeña mira al gnomo Miguelito. Duda un momento y le responde:

—Soy la cigüeña de los buenos deseos. En la bolsa, llevo todos los deseos que la gente me pide. Es una bolsa mágica. Si tienes un deseo puro, la bolsa te lo concederá. Si tu deseo no es puro, el papel donde lo has escrito desaparecerá.

—Yo tengo un deseo. Un deseo muy puro. Es lo que más deseo en el mundo —le dice Miguelito muy emocionado.

wants to be a *fallero*. *Falleros* build giant wooden figures and then burn them. It is a very old Valencian tradition.

One morning, while taking a walk, Miguelito meets a stork. The stork carries a green bag. It is a very nice bag. Inside, there are many papers.

Miguelito approaches the stork and asks it: "Hello! What do you carry in that bag?"

The stork looks at Miguelito the gnome. It hesitates for a moment and then answers: "I am the stork of good wishes. In the bag, I carry all the wishes that people ask me for. It is a magic bag. If you have a wish that is pure, the bag will grant it. If your wish is not pure, the paper on which you write will disappear."

"I have a wish. A wish that is very pure. It's what I wish for the most in the world." Miguelito tells the stork very excitedly.

—Dime, ¿qué puede desear un gnomo?

—Quiero ser fallero. Quiero construir mi propia falla, tirar muchos petardos y hacer una gran hoguera durante las celebraciones de este año. Solo por un día. No pido nada más.

—Ese deseo es muy grande. Primero, tendrás que escribirlo en un papel. Luego, mete el papel en la bolsa. Si la bolsa acepta tu deseo, te lo dirá y se cerrará. Después, podré ayudarte a cumplir con tu deseo de ser fallero. Ahora, escribe el deseo en un papel.

Miguelito escribe su deseo en un pequeño papel. Miguelito mete el papel en la bolsa mágica.

Durante unos segundos no pasa nada. Miguelito tiene miedo de no ser aceptado.

De repente, la bolsa se ilumina. De la bolsa, sale una voz de mujer muy hermosa:

—Querido gnomo Miguelito, he leído tu deseo y he comprobado que eres puro de corazón.

"Tell me, what is it that this gnome wishes?"

"I want to be a *fallero*. I want to build my own *falla*, set off lots of fireworks and make a big bonfire during this year's celebrations. Only for one day. I ask for nothing more."

"That is a very big wish. First, you will have to write it down on a piece of paper. Then, put the paper in the bag. If the bag accepts your wish, it will tell you so and then it will close itself. Then, I will be able to help you fulfill your wish of being a *fallero*. Now, write your wish on a piece of paper."

Miguelito writes his wish on a small piece of paper. Miguelito puts the piece of paper in the magic bag.

For a few seconds, nothing happens. Miguelito is afraid of his wish not being approved.

Suddenly, the bag lights up. From the bag, a very beautiful woman's voice comes out:

"Dear little gnome Miguelito, I have read your wish and I have found that you are indeed pure

Te concedo el deseo de ser fallero por un día. Aquí tienes la madera y los petardos que necesitas. Pero recuerda: solamente tienes un día para cumplirlo. Después, mi magia desaparecerá.

—¡Entendido! ¡Muchas gracias, bolsa de los deseos!

La cigüeña y Miguelito se van a construir una falla y a comprar muchos petardos. Miguelito decide construir una figura de madera con forma de cigüeña. La figura mide diez metros. Es una falla muy grande. La falla es la cigüeña de los buenos deseos y su bolsa mágica.

—¿Has hecho esta falla para mí? —le pregunta la cigüeña muy impresionada.

—Pues claro que sí. Tú y tu bolsa mágica habéis hecho mi sueño realidad. Esta es mi forma de daros las gracias.

—Eres un gnomo muy bueno, Miguelito. Tu corazón es realmente puro.

of heart. I grant you the wish of being a *fallero* for a day. Here you have the wood and the fireworks that you need. But remember, you only have one day to make your wish come true. After that, my magic will disappear."

"Understood! Thank you very much, wishing bag!"

The stork and Miguelito are going to build a *falla* and buy lots of fireworks. Miguelito decides to build a wooden figure in the shape of a stork. The figure is ten meters tall. It is a big *falla*. The *falla* is an image of the stork of good wishes and its magic bag.

"Did you make this *falla* for me?" asks the stork, very impressed.

"Of course. You and your magic bag have made my dream come true. This is my way of thanking you."

"You are a very good gnome, Miguelito. Your heart is truly pure."

Miguelito construye la falla más grande de todas. Cuando se hace de noche, Miguelito lleva la suya al centro del pueblo. Quiere que todo el mundo vea su hoguera y disfrute de su espectáculo.

—Un último favor, cigüeña. ¿Puedo subirme a tu lomo y lanzar cohetes mientras volamos?

—¡Pues claro! ¡Súbete a mis alas!

Miguelito coloca su falla en el centro de la plaza del ayuntamiento. Allí, está todo el pueblo. Miguelito lanza dos petardos muy grandes a su falla. La falla empieza a arder. Después, Miguelito se sube encima de la cigüeña. Esta vuela por encima de las hogueras. Miguelito empieza a lanzar cohetes de todos los colores.

El cielo se llena de fuegos artificiales. La cigüeña vuela cada vez más alto. Miguelito no para de reír y tirar petardos. Todo el mundo disfruta de la hoguera que ha hecho Miguelito y de sus fuegos artificiales.

Miguelito builds the biggest *falla* of all. When it gets dark, Miguelito takes his *falla* to the center of the town. He wants everyone to see his bonfire and enjoy his show.

"One last favor, stork. Can I climb on your back and launch fireworks while we fly?"

"Of course! Get on my wings!"

Miguelito places his *falla* in the center of the town hall square. The whole town is there. Miguelito throws two very large firecrackers at his *falla*. The *falla* is set aflame. Then, Miguelito climbs on top of the stork. The stork flies over the bonfires. Miguelito starts launching fireworks of all colors.

The sky is filled with fireworks. The stork flies higher and higher. Miguelito doesn't stop laughing and throwing fireworks. Everyone enjoys Miguelito's bonfire and fireworks.

Después de una hora, la hoguera se apaga. Miguelito y la cigüeña vuelven al suelo. Miguelito no para de dar saltos de alegría.

—¡Lo hemos conseguido! ¡Ha sido genial! ¡He sido fallero!

El reloj marca las doce. El día se ha acabado y el deseo de Miguelito se ha cumplido. La magia de la bolsa de los deseos desaparece. Miguelito está muy feliz. Él nunca olvidará esa noche de fallas.

Y tampoco a la cigüeña y su bolsa mágica de los deseos.

After an hour, the bonfire extinguishes. Miguelito and the stork return to the ground. Miguelito can't stop jumping in joy.

"We did it! It's been great! I've become a *fallero*!"

The clock strikes midnight. The day is over and Miguelito's wish has been fulfilled. The magic of the wishing bag disappears. Miguelito is very happy. He will never forget that *Fallas* night.

Nor the stork and its magic bag of wishes.

8
El vampiro fanático de las arepas

The Vampire Who Loves Arepas

La arepa

La arepa es una comida que se come principalmente en Venezuela y Colombia. Se prepara con harina de maíz y se rellena con vegetales o carne. Puede comerse en el desayuno, el almuerzo o la cena.

Es sábado por la noche. El vampiro Ramón descansa en su cueva. Él está sentado en el sillón. Lleva su bata y sus pantuflas. Ramón está relajado. Él decide ver una película.

Mientras Ramón busca una película, el timbre suena.

«Qué extraño», piensa Ramón. «No espero a nadie. ¿Quién podrá ser?»

Ramón busca las llaves. El timbre suena nuevamente.

Arepas

The arepa is a dish eaten mainly in Venezuela and Colombia. It is prepared with corn flour and stuffed with vegetables or meat. It can be eaten for breakfast, lunch, or dinner.

It is Saturday night. Ramon the vampire rests in his cave. He sits in the armchair. He's wearing a robe and slippers. Ramon is relaxing. He decides to watch a movie.

While Ramon is looking for a movie to watch, the doorbell rings.

How strange, thinks Ramon. I am not waiting for anyone. Who could it be?

Ramon looks for the keys. The doorbell rings again.

—¡Un momento! —grita Ramón desde su cuarto—. ¡Ahora voy!

Ramón toma su abrigo. El timbre suena una vez más.

«¿Quién podrá ser?», se pregunta. «Alguien con mucha prisa, seguramente».

Ramón abre la puerta. No hay nadie allí.

Ramón comienza a oler un aroma delicioso. Él mira hacia el pasillo de la cueva. No hay nada allí.

Él mira hacia el otro pasillo de la cueva. El aroma no viene de allí. Ramón mira hacia abajo.

En el piso, hay una pequeña caja de cartón. Ramón recoge la caja. La caja está tibia.

Ramón pone la caja sobre su mesa. El aroma proviene de la caja. Ramón se pregunta qué hay dentro.

«Tal vez, sea algún truco» piensa Ramón. «Tal vez, algún niño dejó algo. Quizás, en la caja

"Just a moment!" Ramon shouts from his room. "I'm coming!"

Ramon takes his coat. The doorbell rings once again.

He wonders who it could be. Someone in a hurry, probably.

Ramon opens the door. There is no one there.

Ramon starts smelling a delicious aroma. He looks down the corridor of the cave. There is nothing there. He looks down the other corridor of the cave. The aroma doesn't come from there. Ramon looks down.

On the ground, there is a small cardboard box. Ramon picks up the box. The box is warm.

Ramon puts the box on his table. The aroma comes from the box. Ramon wonders what's inside.

Maybe it's a trick, Ramon thinks. Perhaps some child left it there. Maybe there is a

haya una trampa para vampiros. ¡Pues no me engañarán!»

Ramón deja la caja sobre la mesa. Él vuelve al sillón. Él comienza a ver la película. Pero hay un problema. Ramón no puede dejar de pensar en la caja. El aroma inunda toda la casa.

«Tal vez, alguien dejó el paquete por equivocación», piensa Ramón. «Quizás, esa persona regrese a buscarlo. No lo abriré.»

Ramón continúa viendo la película. Él no puede concentrarse. Él presta atención al aroma.

—Huele a pollo —se dice en voz alta—. A pollo delicioso.

Ramón continúa oliendo. Él reconoce otro aroma.

—Parecen tomates —piensa en voz alta—. ¡Eso es! Tomates asados. Me encantan los tomates asados. Y eso... ¡Eso es lechuga!

vampire trap in the box. Well, they won't fool me!

Ramon leaves the box on the table. He returns to the armchair. He starts watching the movie. But there is a problem. Ramon can't stop thinking about the box. Its aroma fills the whole house.

Maybe someone left the package by mistake, Ramon thinks. Perhaps that person will come back for it. I will not open it.

Ramon continues watching the movie. He can't concentrate. He pays attention to the aroma.

"It smells like chicken," he says aloud to himself. "Like delicious chicken."

Ramon keeps catching the scent of it. He recognizes another scent.

"It smells like tomatoes," he says aloud. "That's it! Roasted tomatoes. I love roasted tomatoes. And that... That's lettuce!"

Ramón trata de concentrarse. Él continúa viendo la película, pero el aroma es demasiado delicioso.

—Bueno —piensa en voz alta—. Tal vez puedo mirar dentro del paquete. Solo una mirada rápida. No abriré el paquete. Solo miraré.

Ramón se levanta del sillón. Él camina hacia la mesa. Del paquete, sale vapor. La comida parece estar tibia.

Ramón toma el paquete. Es un paquete bastante pesado. Definitivamente, la comida está tibia. Ramón siente hambre.

De pronto, Ramón abre el paquete. El aroma delicioso sube hasta su nariz.

—Pollo, tomates, lechuga —Ramón dice en voz alta mientras huele—. Qué combinación tan perfecta.

Ramón mira la comida. Parece un tipo de sándwich.

Ramon tries to concentrate. He continues watching the movie, but the aroma is too delicious.

"Well," he says aloud. "Maybe I can look inside the package. Just a quick look. I will not open it. I'll just take a quick peek."

Ramon gets up from his armchair. He walks to the table. Steam is coming out of the package. The food seems to be lukewarm.

Ramon takes the package. It is quite a heavy package. The food is definitely lukewarm. Ramon feels hungry.

Suddenly, Ramon opens the package. The delicious aroma fills his nose.

"Chicken, tomatoes, lettuce," Ramon says aloud as he sniffs. "What a perfect combination."

Ramon looks at the food. It looks like some sort of sandwich.

—Tal vez, si pruebo un poquito —se dice en voz alta—, la persona que dejó el paquete no lo notará. Solo un pedacito.

Ramón da un pellizco a la masa. La prueba.

—¡Esto es increíble! —exclama—. ¡Esto es lo más delicioso que he probado en mucho tiempo! Pero probaré solo eso. No comeré más.

Ramón vuelve a su sillón. Él no puede concentrarse. Él mira hacia la mesa. El paquete está allí, abierto. Aún sale vapor.

—Bueno —piensa en voz alta—. Un mordisco más. Le daré solo un pequeño mordisco. Y luego lo guardaré.

Ramón se levanta del sillón. Camina hacia la mesa. Él toma la comida con sus manos.

Ramón le da un gran mordisco. Los sabores se mezclan en su boca. Ramón está encantado.

A Ramón, se le cae un poco de lechuga en su camisa. Él toma una servilleta de la caja. En

"Maybe if I eat a tiny bit," he says aloud to himself, "the person who left the package won't notice. Just a little bit."

Ramon pinches the dough. He tastes it.

"This is unbelievable!" he exclaims. "This is the most delicious thing I've tasted in a long time! But that's enough. I will eat no more of it."

Ramon returns to his armchair. He can't concentrate. He looks at the table. The package is there, open. Steam is still coming out of it.

"Well," he says aloud. "One more bite. I'll give it just a little bite. And then I will close it."

Ramon gets up from his armchair. He walks to the table. He picks up the food with his hands.

Ramon takes a big bite. The flavors mingle in his mouth. Ramon is delighted.

Ramon drops some lettuce on his shirt. He takes a napkin from the box. On

la servilleta, hay algo escrito: "Arepas Colombianas".

—¿Arepas?

Había escuchado de ellas, pero no las había probado.

—¡Qué deliciosas! ¡Me encantan las arepas!

Sin darse cuenta, Ramón come la arepa completa. Él se siente feliz.

—Quien haya dejado la arepa en mi puerta me ha hecho feliz. De ahora en más, ¡cenaré arepas todas las noches!

Desde ese día, Ramón es conocido como el vampiro fanático de las arepas.

the napkin, there is something written: "Colombian Arepas".

"Arepas?"

He had heard of them, but he hadn't tried them.

"How delicious! I love arepas!"

Without realizing it, Ramon eats the whole arepa. He feels happy.

"Whoever left the arepa at my door made me happy. From now on, I will eat arepas every night!"

Since that day, Ramon has been known as the vampire who loves arepas.

9
Perla y el alfajor de chocolate
Perla and the Chocolate Alfajor

Alfajor

El alfajor es un tipo de golosina tradicional. Está formado por dos partes de masa dulce y un relleno. Generalmente, el relleno es de dulce de leche (un tipo de mermelada tradicional). Hay muchas variedades de alfajores.

Perla es una niña sirena. Ella vive en el fondo del mar. Perla tiene muchas amigas sirenas. Todos los días, sale a nadar con sus amigas. Ellas nadan por todo el mar. Mientras dan un paseo, ven muchas cosas. Algunos días, ven hermosos peces de colores. Otros días, ven corales brillantes. Algunas veces, encuentran caracolas. A Perla le encanta pasear con sus amigas sirenas.

Hoy es una mañana de verano. Perla se despierta y mira por su ventana. El fondo del mar está lleno de peces de colores. Perla saluda a sus amigos cangrejos. Los cangrejos son

Alfajor

The alfajor is a type of traditional delicacy. It consists of two parts of sweet dough and a filling. Generally, the filling is dulce de leche (a type of traditional jam). There are many varieties of alfajores.

Perla is a mermaid. She lives at the bottom of the sea. Perla has many mermaid friends. Every day, she goes swimming with her friends. They swim all over the sea. As they swim, they see many things. Some days, they see beautiful colorful fish. On other days, they see bright corals. Sometimes, they find shells. Perla loves to go around with her mermaid friends.

It's a summer morning. Perla wakes up and looks out her window. The bottom of the sea is full of colorful fish. Perla greets her crab friends. Crabs are

muy divertidos. Perla ve a algunos delfines. Los delfines, a veces, la visitan. Ellos juegan y se ríen. De pronto, alguien toca a la puerta. Perla la abre. Son sus amigas.

—Perla, debes venir con nosotras. No te imaginas lo que hemos descubierto. Unos pescadores tiraron algo al mar. No sabemos lo que es, ¡pero está delicioso!

Perla sale rápidamente de su casa. Junto a sus amigas, nada muy rápido. En el camino, Perla se siente emocionada. A ella le gusta mucho probar alimentos. En el fondo del mar, no hay muchos alimentos. Hace pocos días, Perla encontró algo. Era una tableta con un envoltorio brillante. Perla lo abrió y lo comió. Ella quedó encantada con el sabor. Luego, ella leyó la etiqueta: "Chocolate". Perla decidió que el chocolate era su comida favorita.

Perla y sus amigas llegan al lugar. Ellas llegan a un bosque de corales. Entre los corales, hay muchos peces nadando. Perla ve a algunas medusas también. Ellas las saludan al pasar.

a lot of fun. Perla sees some dolphins. Dolphins sometimes visit her. They play and laugh. Suddenly, someone knocks on the door. Perla opens it. Her friends are there.

"Perla, you must come with us. You won't guess what we found. Some fishermen threw something into the sea. We don't know what it is, but it's delicious!"

Perla quickly leaves her house. She and her friends swim very quickly. Perla feels excited while swimming. She really likes to try food. At the bottom of the sea, there isn't much food variety. A few days ago, Perla found something. It was a bar with a shiny wrapper. Perla opened it and ate it. She was delighted with its taste. Then, she read the label: "Chocolate." Then, Perla decided that chocolate was her new favorite food.

Perla and her friends reach their destination. They arrive at a coral forest. There are many fish swimming among the corals. Perla sees

—Perla, ven aquí —le dice una de sus amigas.

Perla se acerca nadando. Ve algo en el suelo. Es algo nuevo. Ella no lo había visto antes.

—Tiene el mismo color que el chocolate, pero tiene otra forma —le dice Perla a sus amigas—. El chocolate es una tableta. Esto es redondo. Y parece tener capas.

Perla lo huele. Definitivamente es chocolate. Ella le da un mordisco.

—¡Guau! ¡Delicioso! ¡Es increíble! Definitivamente es más delicioso que el chocolate.

—Está muy rico —responde una de sus amigas—. Hemos escuchado a los pescadores hablar. Lo han llamado alfajor.

—¡Tengo una idea! —dice Perla con una sonrisa—. Busquemos más alfajores en el fondo del mar. ¡Podemos compararlos!

Perla y sus amigas recorren todo el fondo del mar. No encuentran alfajores. Su alfajor de chocolate es el único. Ella piensa cómo podría

some jellyfish as well. They greet them as they pass.

"Perla, come here," says one of her friends.

Perla swims over. She sees something on the ground. It is something new. Something that she hadn't seen before.

"It has the same color as chocolate, but it has a different shape," Perla tells her friends. "Chocolate comes in bars. Whereas this is round. And it seems to have layers."

Perla smells it. It is definitely chocolate. She takes a bite.

"Wow! Delicious! It's amazing! It is definitely more delicious than chocolate."

"It's very tasty," adds one of her friends. "We heard the fishermen talking. They call it *alfajor*."

"I have an idea!" says Perla with a smile. "Let's look for more *alfajores* at the bottom of the sea. We can compare them!"

conseguir más alfajores. Pero, a Perla no se le ocurre ninguna idea.

Una tarde, Perla se acerca a la orilla. Ella aún busca alfajores. Ella ve piedras, arena y caracolas. Pero ella no ve ningún alfajor. De pronto, ella ve a una niña. La niña la mira. La niña pone cara de sorpresa y alegría.

—Hola. Soy Perla.

—Hola, Perla —responde la niña—. Yo soy Paz. ¿Qué haces en la orilla?

—Estoy buscando algo llamado alfajor. Pero no lo encuentro.

—¿Alfajor? ¡Yo lo conozco! ¡Es mi dulce preferido!

—¿De verdad? —responde Perla con esperanza—. ¿Puedes ayudarme a encontrar uno, por favor?

—Puedo ayudarte a hacer algo mucho mejor —responde Paz—. ¡Puedo enseñarte a hacerlos!

Perla and her friends travel all over the bottom of the sea. They cannot find any more *alfajores*. Their chocolate *alfajor* is the only one. She thinks about how to get more *alfajores*. But Perla can't come up with any idea.

One afternoon, Perla approaches the shore. She is still looking for *alfajores*. She sees stones, sand, and shells. But she doesn't see any *alfajor*. Suddenly, she sees a little girl. The girl looks at her. The girl looks surprised and happy.

"Hello. I am Perla."

"Hello, Perla," the girl replies. "I am Paz. What are you doing on the shore?"

"I am looking for something called *alfajor*. But I can't find any."

"*Alfajor*? I know it! It's my favorite sweet!"

"Really?" Perla replies hopefully. "Can you help me find one, please?"

—Eso sería maravilloso —responde Perla feliz.

Al día siguiente, Perla regresa a la orilla. Ella lleva algunos recipientes y utensilios para cocinar. Paz lleva algunos ingredientes también. Paz lleva harina, azúcar y chocolate.

—Ahora, debemos mezclar estos ingredientes —le explica Paz a Perla—. Y, por último, añadimos el chocolate.

Ellas mezclan todos los ingredientes. En el recipiente, se forma una masa. Por último, agregan el chocolate.

—Los alfajores están casi listos —dice Paz con emoción—. Los llevaré a mi casa para hornearlos. ¡Regreso enseguida!

Perla espera a Paz en la orilla. Al cabo de unos minutos, Paz regresa. Los alfajores se ven hermosos. Su forma es perfecta. El chocolate negro se ve brillante y delicioso. Ambas prueban un alfajor.

—¡Es delicioso! —exclama Perla.

"I can give you something much better," Paz replies. "I can teach you how to make them!"

"That would be wonderful," replies Perla happily.

The next day, Perla returns to the shore. She brings some containers and utensils for cooking. Paz brings some ingredients as well. Paz brings flour, sugar and chocolate.

"Now, we must mix these ingredients," Paz explains to Perla. "Finally, we add the chocolate."

They mix all the ingredients. The mix becomes a dough in a container. Finally, they add the chocolate.

"The *alfajores* are almost ready," Paz says excitedly. "I will take them home to bake them. I'll be right back!"

Perla waits for Paz on the shore. After a few minutes, Paz returns. The *alfajores* look beautiful. Their shape is perfect. The dark chocolate looks shiny and delicious. Both try an *alfajor* each.

—¡Es el mejor alfajor que he probado! —agrega Paz—. Tengo una idea. ¿Qué te parece si los vendemos? Yo puedo venderlos aquí en la tierra. Tú puedes vender alfajores en el fondo del mar. Así, todo el mundo podrá probarlos.

—¡Es una idea brillante!

Perla y Paz se hicieron mejores amigas. Se encuentran todos los días. Preparan alfajores, ríen y disfrutan de su amistad.

"It's delicious!" Perla exclaims.

"It's the best *alfajor* I've ever tasted!" Paz adds. "I have an idea. What do you think about selling them? I can sell them here on solid ground. You can sell *alfajores* at the bottom of the sea. This way, everyone will be able to try them."

"That's a brilliant idea!"

Perla and Paz became best friends. They meet every day. They make *alfajores*, laugh and enjoy their friendship.

10

Los juguetes se divierten en el Día de los Muertos

The Toys Having Fun on the Day of the Dead

Día de los Muertos

El Día de los Muertos es una celebración mexicana. Se celebra el 1 y 2 de noviembre de cada año. Durante estos días se honra a los muertos. Se organizan desfiles, bailes y hay mucha comida y bebida.

Irena es una niña pequeña. Vive en México. A ella le gusta pintar y dibujar. También le gusta mucho jugar con sus juguetes.

Hoy es un día de celebración. Hoy es 2 de noviembre. Hoy es el Día de los Muertos. Irena irá con su mamá y su abuela a un desfile en la calle.

A Irena le encanta esta celebración. A ella le gusta recordar a su abuelo Jorge. A Irena también le gusta maquillarse. Su mamá le hace una trenza larga en el cabello. A Irena le encanta su peinado.

Day of the Dead

The Day of the Dead is a Mexican holiday. It is celebrated on November 1 and 2 of each year. On those days, the dead are honored. There are parades, dances and lots of food and drinks.

Irena is a little girl. She lives in Mexico. She likes painting and drawing. She also loves playing with her toys.

Today is a day of celebration. Today is November 2. Today is the Day of the Dead. Irena will go with her mom and grandmother to a street parade.

Irena loves this holiday. She likes to remember her grandfather Jorge. Irena also likes to wear makeup. Her mother braids her long hair. Irena loves her hairstyle.

Irena está en su cuarto preparándose para el desfile. Ella usará un hermoso vestido floreado.

Desde el armario, sus muñecos la observan.

—¡Qué bella está Irena! —exclama la muñeca Julia.

—Afirmativo. Me pregunto a dónde irá —responde el soldadito Rafael.

—Tal vez, a una gran fiesta. Una fiesta de cumpleaños —responde Julia.

—O, tal vez, a dar un paseo —agrega Rafael.

La mamá de Irena entra a su cuarto. Irena busca su maquillaje. Su mamá comienza a maquillarla.

—¡Maquillaje! —exclama Julia—. Entonces, Irena irá a una fiesta.

La mamá de Irena termina de maquillarla. Irena luce hermosa.

Irena is in her room preparing for the parade. She will wear a beautiful, flowered dress.

Her dolls watch her from the closet.

"Irena is so beautiful!" exclaims Julia the doll.

"Yes. I wonder where she's going," replies Rafael the toy soldier.

"Maybe to a big party. A birthday party," replies Julia.

"Or perhaps for a walk," adds Rafael.

Irena's mother enters her room. Irena looks for her makeup. Her mother starts putting makeup on her.

"Makeup!" Julia exclaims. "Irena is going to a party, then."

Irena's mother finishes putting makeup on her. Irena looks beautiful.

Irena está lista. Tiene un hermoso vestido de flores. En el cabello, ella tiene una trenza larga. Irena está maquillada con brillos.

—Estamos casi listas —le dice su mamá—. Solo debo tomar la canasta con los tacos.

La muñeca Julia se sorprende desde el armario.

—¿Tacos? —le pregunta a Rafael—. ¿Llevan comida a una fiesta?

—Negativo. Deben ir a otro lugar —responde Rafael.

—Entonces... —dice Julia mientras se para—. ¡Vamos a seguirla!

La muñeca y el soldadito saltan hacia la mochila de Irena. Se esconden para no ser vistos. Irena toma su mochila. Ella sale del cuarto. La muñeca y el soldadito van con ella.

En el camino, los juguetes se asoman de la mochila. Ellos ven a mucha gente en la calle. Ellos también escuchan música. Ellos oyen a

Irena is ready. She wears a beautiful, flowered dress. She has a long braid. Irena's makeup glitters.

"We're almost ready," her mother tells her. "I just have to take the basket with the tacos."

In the closet, Julia the doll is taken aback.

"Tacos?" she asks Rafael. "Is it common to bring food to a party?"

"No. They must be going somewhere else," Rafael replies.

"So..." says Julia as she stands up. "Let's follow her!"

The doll and the soldier jump into Irena's backpack. They hide so nobody can see them. Irena grabs her backpack. She leaves the room. The doll and the little soldier go with her.

Along the way, the toys peek out of the backpack. They see a lot of people on the street. They can also hear music playing. They hear people

la gente cantar. La gente también lleva fuentes con comida.

Irena camina de la mano de su mamá. Ella a veces salta. Los juguetes saltan en su mochila. Irena a veces baila. Los juguetes bailan en su mochila también.

De pronto, Irena se detiene. Los muñecos se asoman desde la mochila. Ellos observan el lugar.

En la calle, muchas personas desfilan. Los juguetes ven grandes muñecos en el desfile. Mucha gente desfila al lado de los muñecos.

La gente en la calle está contenta. Todos cantan y bailan. Las mujeres llevan coronas de flores en sus cabezas. Ellas tienen hermosos vestidos floreados. Ellas están maquilladas.

Los hombres también llevan maquillaje. Ellos tienen trajes muy elegantes. Algunos hombres están vestidos como mariachis. Los mariachis llevan grandes sombreros. Muchos hombres tocan la guitarra.

singing. People carry food bowls around, too.

Irena walks hand in hand with her mother. She sometimes jumps around. The toys bounce in her backpack. Irena sometimes dances. The toys dance in her backpack, too.

Suddenly, Irena stops. The toys peek out of the backpack. They look at the place they are in.

In the street, there's a massive parade. The toys see big puppets parading. Many people parade next to the puppets.

The people on the street are happy. Everyone sings and dances. Women wear flower crowns on their heads. They wear beautiful, flowered dresses. They have their makeup on.

Men also wear makeup. They wear very elegant suits. Some men are dressed as mariachis. The mariachis wear big sombreros. Many men play the guitar.

En la calle, también hay niños. Los niños corren y ríen. Ellos juegan y bailan.

La muñeca Julia y el soldadito Rafael observan todo. Ellos están sorprendidos.

—Hay muchos colores en todas partes —dice Julia.

—Y la gente parece contenta —agrega Rafael.

—¡Y la música! —exclama Julia—. Es muy bella. Y los bailes también.

Irena continúa bailando y saltando por la calle. De pronto, Julia y Rafael ven a otros juguetes. Ellos están en la mochila de un niño. Ellos parecen estar observando el desfile. La muñeca Julia los saluda.

—¡Hola! —los saluda un dinosaurio de juguete—. Soy Leo. Y este es mi amigo Pedro, el pulpo.

El pulpo estira uno de sus ocho brazo y saluda.

—¡Hola! —responde el soldadito Rafael—. Somos Rafael y Julia. ¿Saben dónde estamos?

There are also children on the street. Children run and laugh. They play and dance.

Julia the doll and Rafael the toy soldier watch everything. They are taken aback.

"There are many colors everywhere," says Julia.

"And people seem happy," adds Rafael.

"And the music!" exclaims Julia. "It is very beautiful. And the dances too."

Irena continues dancing and jumping down the street. Suddenly, Julia and Rafael see other toys. They are in a child's backpack. They seem to be watching the parade. Julia the doll greets them.

"Hello!" says a toy dinosaur. "I am Leo. And this is my friend Pedro the octopus."

The octopus stretches out one of its eight arms and waves.

"Hello!" replies Rafael the toy soldier. "We are Rafael and Julia. Do you know where we are?"

—Claro que sí —responde el pulpo Pedro—. Estamos en el desfile del Día de los Muertos.

—¿Día de los Muertos? —pregunta Julia asustada—. ¡Qué miedo!

—Tranquila —la calma el dinosaurio Leo—. Es un día de celebración. Las familias salen a las calles a celebrar. Ellos recuerdan a sus seres queridos que ya no están. Ellos desfilan, bailan y cantan. Ellos celebran la memoria de sus seres queridos.

Julia y Rafael ahora comprenden. A ellos les gusta esta celebración. El Día de los Muertos es un día de alegría. A ellos les encanta estar allí.

"Of course," says Pedro the octopus. "We are at the Day of the Dead parade."

"Day of the Dead?" asks Julia, frightened. "That's scary!"

"Don't worry," says Leo the dinosaur trying to calm her down. "It's a day of celebration. Families take to the streets to celebrate. They remember their loved ones who are no longer with them. They parade, dance and sing. They celebrate the memory of their loved ones."

Julia and Rafael understand now. They like this holiday. The Day of the Dead is a day of joy. They love it there.

11
La elfina Josefina y la tapa de patatas bravas

Josefina the Elf and the Patatas Bravas Tapa

Patatas bravas

Las patatas bravas son una tapa española tradicional elaborada con patatas cortadas en dados grandes, fritas en aceite de oliva y acompañadas de una sabrosa salsa picante.

En el barrio de Malasaña vive una elfina. La elfina Josefina. Ella es cocinera en un bar del barrio de Malasaña. Este barrio es uno de los más famosos de Madrid por sus bares de tapas. La tapa más famosa que sirven es las patatas bravas. La elfina Josefina prepara las mejores patatas bravas de la ciudad.

Una mañana, llega al barrio un rey del extranjero. Es el rey León. Es un león grande y elegante. El rey León es conocido por comer mucho. Él viaja por todo el mundo probando los platos de cada país. Si al rey le gusta lo

Patatas bravas

Patatas bravas are a traditional Spanish tapa made with large, diced potatoes that are fried in olive oil and then accompanied with a tasty, spicy sauce.

An elf lives in the Malasaña neighborhood. Josefina the elf. She is the cook at a bar in the Malasaña neighborhood. This neighborhood is one of the most famous in Madrid thanks to its *tapas* bars. The most famous *tapa* they serve is *patatas bravas*. Josefina the elf prepares the best *patatas bravas* in town.

One morning, a king from abroad arrives in the neighborhood. It's King Lion. He is a big, elegant lion. King Lion is known for eating a lot. He travels around the world tasting the dishes from each country. If the king likes what

que come, sonríe y felicita al cocinero. Si no le gusta, se enfada mucho y el cocinero que ha hecho el plato se queda sin trabajo.

Josefina tiembla al ver llegar al rey León a su bar. Ella tiene que servirle su plato de patatas bravas. Ella tiene que hacerlo mejor que nunca. Josefina quiere sorprender al rey y hacer que su bar tenga fama.

Josefina se va al altillo del bar a buscar algunos ingredientes para hacer sus patatas bravas. El rey León espera impaciente en su mesa. Él tiene ganas de comer las famosas patatas bravas de la elfina de Malasaña. Josefina cocina muy rápido para poder servirle su plato. Ella termina la tapa y se la sirve al rey León.

—¡Puaj! A estas patatas les falta algo. ¡Estas patatas están sosas! ¿Quién las ha hecho? —grita el rey León muy irritado.

—He sido yo, señor. Yo soy la cocinera. Soy la elfina Josefina —dice Josefina muy avergonzada. Ella no entiende porque las patatas están sosas.

he eats, he smiles and congratulates the cook. If he doesn't, he gets very angry and the cook who made the dish is fired.

Josefina trembles when she sees the King Lion arrive at her bar. She has to serve him a plate of *patatas bravas*. She has to do better than ever. Josefina wants to surprise the king and make her bar famous.

Josefina goes to the attic of the bar to get some ingredients to make her *patatas bravas*. King Lion waits impatiently at his table. He is looking forward to eating the famous *patatas bravas* of the elf of Malasaña. Josefina cooks very quickly so that she can serve him the dish. She finishes the *tapa* and serves it to King Lion.

"Yuck! These *patatas bravas* are missing something. They are bland! Who made them?" shouts King Lion in great irritation.

"It was me, sir. I am the cook. I am Josefina the elf." says Josefina, very embarrassed. She doesn't understand why her *patatas bravas* are bland.

—Muy bien. Prueba tu plato y dime qué te parece. Es evidente que has olvidado algo.

Josefina se lleva una patata a la boca. Enseguida, nota el problema. ¡Ella se ha olvidado del perejil y la sal!

—Les falta sal y perejil. Usted tiene razón, señor. Lo siento mucho. Le prometo que mañana le serviré las mejores patatas bravas que ha probado jamás.

—Más te vale, pequeña elfina. Si vuelven a estar sosas, tu bar será conocido como el peor bar de tapas de Madrid. Y nadie querrá volver a probar tus platos.

Josefina cocina durante toda la noche. Hace patatas bravas de todos los sabores. Josefina quiere impresionar mucho al rey León. Ella prueba los platos. Ella siente que les falta algo.

«Estas patatas bravas siguen siendo muy normales. Así no impresionaré al rey León. ¡Ya sé! Leeré las entrevistas que le hacen al rey León después de visitar los restaurantes. Ahí,

"Alright. Taste your dish and let me know what you think. You have clearly forgotten something."

Josefina tastes a *patata*. She immediately notices the problem. She forgot the parsley and the salt!

"They lack salt and parsley. You are right, sir. I am very sorry. I promise you that, tomorrow, I will serve you the best *patatas bravas* you have ever tasted."

"You better, little elf. If they are bland again, your bar will be known as the worst *tapas* bar in Madrid. And no one will ever want to taste your cooking again."

Josefina cooks all night long. She makes *patatas bravas* of all flavors. Josefina badly wants to impress the King Lion. She tastes her dishes. She feels they are missing something.

These *patatas bravas* are still very normal, she thinks. I won't impress King Lion with them.

él siempre dice lo que más le gusta. ¡Seguro que, si uso sus ingredientes favoritos, quedará impresionado!»

Josefina lee revistas durante horas. Ella lee que al rey León le encanta el ajo. En muchas revistas, el rey león dice que el ajo es el mejor sabor del mundo. Es el sabor favorito del rey León. Josefina vuelve a cocinar las patatas bravas y les añade mucho ajo. Josefina prueba el plato. A ella le parece que están buenísimas. Las patatas tienen un potente sabor a ajo.

—¡Estas patatas bravas son perfectas para el rey! El ajo es el ingrediente principal de la salsa. ¡Seguro que le gustan!

Al día siguiente, Josefina vuelve a servirle patatas al rey León. Él percibe el olor del ajo y mira con curiosidad el plato. El rey León se lleva una patata a la boca. Él sonríe y sigue comiendo. El rey León se come todo el plato de patatas bravas en apenas un minuto.

Oh, I know! I will read the interviews King Lion gives after visiting restaurants. There, he always states what he likes best. I'm sure that if I use his favorite ingredients, he will be impressed!

Josefina reads magazines for hours. She reads that King Lion loves garlic. In many magazines, King Lion states that garlic is the best flavor in the world. It is King Lion's favorite flavor. Josefina makes the *patatas bravas* again and adds a lot of garlic. Josefina tastes the dish. She thinks they taste great. The *patatas* have a strong garlic flavor.

These *patatas bravas* are perfect for the king, she thinks. Garlic is the main ingredient of the sauce. He's sure to like them!

The next day, Josefina returns to serve *patatas bravas* to King Lion. He smells the garlic and looks curiously at the dish. King Lion tastes a *patata*. He smiles and continues eating. King Lion eats the whole plate of *patatas bravas* in just one minute.

—¡Están deliciosas! ¡Estas patatas bravas llevan ajo! Me encanta el ajo. ¡Te felicito, elfina! ¡Hablaré muy bien de ti y de tu exquisita cocina!

Josefina está feliz. Ha conseguido cocinar el mejor plato de patatas bravas de Madrid. Su bar será conocido por todo el mundo. Las patatas bravas de ajo son el nuevo éxito de la elfina Josefina.

"They are delicious! These *patatas bravas* have garlic in them! I love garlic. Congratulations, little elf! I will speak highly of you and of your exquisite cuisine!"

Josefina is happy. She has managed to make the best *patatas bravas* in Madrid. Her bar will be known all over the world. *Patatas bravas* with garlic is the new star dish of Josefina the elf.

12
El deseo de Luisa

Luisa's Wish

El Día de las Velitas

El Día de las Velitas o Noche de las Velitas es una de las festividades más tradicionales de Colombia. Las velitas y faroles de todos los colores llenan de magia la noche con la que inicia oficialmente la Navidad.

¿Por qué todos están tan felices? ¡Yo no quiero ver a nadie! Ah, sí, claro... es 7 de diciembre. Día de las velitas. Todas las puertas y los balcones de las casas están iluminadas por estúpidas velas. Todos los niños comen natilla y buñuelos con sus papás. ¡No quiero estar aquí! La música es alegre y los adultos bailan las canciones de Pastor López. Unos niños me gritan cuando me ven caminando.

—¡Miren, esa es la niña que no tiene papás!

—¡Déjenme en paz! —les digo.

Day of the Little Candles

The Day of the Little Candles is one of Colombia's most traditional festivals. Candles and lanterns of all colors fill the night with magic and mark the official beginning of the Christmas season.

Why is everyone so happy? I don't want to see anyone! Oh, yes, of course... it's December 7. The Day of the Little Candles. All the doors and balconies of the houses are illuminated by stupid candles. All the children eat custard and *buñuelos* with their parents. I don't want to be here! The music is lively and the adults dance to the songs of Pastor Lopez. Some children shout at me when they see me walking.

"Look, it's the girl with no parents!"

"Leave me alone!" I tell them.

Comienzo a llorar. Salgo corriendo para mi casa. Mi abuela se me acerca.

—¿Por qué estás triste, Luisa?

—No quiero estar en esta casa.

Ella me mira con cariño.

—Sé lo que quieres, corazón. Te entrego estas velas. Es momento de encenderlas para que pidas ese deseo.

—No creo en nada de eso, todo es mentira.

Me voy corriendo hacia el patio donde está la ropa colgada. Me escondo.

—¡Psst! Oye, tú. ¡Psst...! —escucho.

—¡No quiero hablar con nadie!

Una voz que nunca había escuchado me dice:

—¡Somos nosotras!

Me da curiosidad. ¿Quién podría ser, con esa vocecita? Salgo lentamente. No puedo creer lo que estoy viendo. Son las velas. Las mismas

I start crying. I run home. My grandmother approaches me.

"Why are you sad, Luisa?"

"I don't want to be in this house."

She looks at me with affection.

"I know what you want, sweetheart. I give these candles to you. It's time to light them up so you can make that wish."

"I don't believe in any of that, it's all a lie."

I run to the patio where we hang the clothes to dry. I hide.

I hear someone say, "Pssst! Hey, you. Pssst!"

"I don't want to talk to anyone!"

A voice I had never heard before tells me, "It's us!"

I am curious. I wonder who it could be? Who's the owner of that little voice? I come out slowly. I can't believe what I see. It's the candles. The same

velas de colores que me había regalado mi abuela.

—¿Qué hacen ustedes aquí?

—Venimos a ayudarte con tu deseo. No podemos permitir que una niña de tu edad pierda la fe en el Día de las Velitas. Es una tradición especial.

Me asusto. Corro y me escondo en el baño. Ellas me miran desde una pequeña ventana encima de la puerta. Me escondo debajo de la cama. Ellas emiten unas pequeñas chispas y me encuentran. Finalmente, corro a la sala. Ellas comienzan a bailar a mi alrededor. Me llevan al balcón. Estoy justo en la esquina donde nadie puede verme.

Una vela se posa en mis manos y me dice:

—Es tu oportunidad. Solo hay una condición: debes escoger un deseo que te alegre el corazón. Confía.

Cierro los ojos. Respiro. Pienso en mi deseo.

colorful candles my grandmother gave me.

"What are you doing here?"

"We have come to help you make your wish come true. We cannot allow a girl your age to lose faith on the Day of the Little Candles. It is a special tradition."

I'm scared. I run and hide in the bathroom. They watch me from a small window above the door. I hide under the bed. They emit little sparks and find me. I end up running to the living room. They start dancing around me. They take me to the balcony. I'm right in the corner, where no one can see me.

A candle lands on my hands and tells me, "This is your chance. There is only one condition: You must choose a wish that makes your heart happy. Trust us."

I close my eyes. I breathe. I think about my wish.

—¿Ya sabes que quieres pedir?

—¡Sí, siempre lo he sabido!

La vela sonríe.

—¡Vamos! Ya puedes decírselo a tu abuela.

Mi abuela se acerca. Me abraza.

—Veo que estás lista.

Ella enciende la vela. Tiene una hermosa llama dorada y azul. La pone al lado de la puerta. Esperamos a que se derrita y vamos a dormir.

Al día siguiente... escucho voces nuevas en la casa. Parecen conocidas. ¿Será posible? Huele delicioso... plátanos maduros con queso. ¡Mis favoritos! Abro la puerta de mi cuarto y entro a la cocina. ¡No lo puedo creer!

—¡SORPRESA! —me dicen todos emocionados. Me quedo congelada. No puedo creer lo que estoy viendo. No paro de llorar de la felicidad. Mi deseo se ha hecho realidad. Mis padres han vuelto.

"Do you now know what your wish is?"

"Yes, I've always known it!"

The candle smiles.

"Let's go! You can tell your grandmother now."

My grandmother approaches me. She hugs me.

"I see you are ready."

She lights the candle. It emits a beautiful gold and blue flame. She places it next to the door. We wait for it to melt and then we go to sleep.

The next day... I hear new voices in the house. They sound familiar. Could it be...? Something smells delicious... Ripe bananas with cheese. My favorite dish! I open my bedroom door and walk into the kitchen. I can't believe it!

"SURPRISE!" they all tell me excitedly. I'm frozen in place. I can't believe what I see. I can't stop crying from happiness. My wish came true. My parents are back.

Ellos viven en otro país. Un país donde hace mucho frío. En ese lugar, la gente se pone abrigos muy grandes, botas y gorros de lana. ¡Dicen que nieva! Yo nunca he visto la nieve. Debe ser bonita. Hace mucho tiempo no los veía. Los extrañaba mucho.

Ellos toman una maleta y me dicen:

—Tenemos un regalo para ti.

Yo los abrazo.

—¡No hay mejor regalo que tenerlos cerca!

—Sí, puede haber uno mejor —me dicen emocionados—.

Me entregan unos guantes muy calentitos.

—¡Gracias! Pero aquí no usamos guantes. Hace demasiado calor.

—¡Los vas a necesitar ahora que vas a conocer la nieve! Esta vez, vienes con nosotros. Al fin, viviremos todos juntos.

—¿Y la abuela? —les pregunto.

They live in another country. A country where it is very cold. In that place, people wear very big coats, boots, and woolen hats. They even say it snows! I have never seen snow. It must be pretty. It's been a long time since I've seen them. I missed them very much.

They bring a suitcase and tell me: "We have a gift for you."

I hug them.

"There is no better gift than having you around!"

"Yes, there can be a better one," they tell me excitedly.

They give me a pair of very warm gloves.

"Thank you! But we don't use gloves here. It's too hot for that."

"You're going to need them now that you're going to get to know the snow! This time, you're coming with us. At last, we will all live together."

—Yo me quedaré aquí, pero siempre podrás venir a visitarme —me dice.

Mi abuela me acaricia las mejillas y me da un beso en la frente.

Le doy un abrazo fuerte y aprovecho para susurrarle al oído:

—Abuela, mi deseo se ha hecho realidad. Siempre encenderé una vela, no importa en qué lugar del mundo esté.

—Solo recuerda que siempre debemos tener un deseo que nos alegre el corazón.

"What about grandma?" I ask them.

"I'll stay here, but you can always come visit me," she says.

My grandmother strokes my cheeks and gives me a kiss on my forehead.

I give her a tight hug and take the opportunity to whisper in her ear: "Grandma, my wish has come true. I will always light a candle, no matter where I am in the world."

"Just remember that we should always make a wish that makes our hearts happy."

13

Carlitos, el gigante de los viñedos

Carlitos, the Giant of the Vineyards

Los viñedos de la Rioja

La viña o los viñedos de la Rioja son extensiones de tierra muy amplias llenas de vides con uvas. Las uvas de la Rioja son de un bonito color morado y su sabor es famoso en el mundo entero.

Carlitos es un gigante de La Rioja. En La Rioja, vive su familia de gigantes. Los gigantes trabajan en las viñas. Carlitos es un gigante muy grande y fuerte. Carlitos trabaja pisando uvas. Cada día, pisa mil uvas. Él se divierte mucho.

Carmen es la mejor amiga de Carlitos. Carmen es una enana. Ella vive al lado de la familia de Carlitos. Los enanos y los gigantes son grandes amigos.

Una noche, una bruja llega a los viñedos. La bruja lanza una maldición. La maldición hace que todas las uvas se conviertan en piedras. Sin

Vineyards of La Rioja

The vineyards of La Rioja are very large extensions of land full of grapevines. La Rioja grapes are of a beautiful purple color and their flavor is famous around the world.

Carlitos is a giant of La Rioja. His family of giants lives in La Rioja. Giants work in the vineyards. Carlitos is a very big and strong giant. Carlitos works treading grapes. Every day, he treads on a thousand grapes. He has a lot of fun.

Carmen is Carlitos' best friend. Carmen is a dwarf. She lives next door to Carlitos' family. Dwarves and giants are great friends.

One night, a witch arrives in the vineyards. The witch casts a curse. The curse causes all grapes to turn into stone. Without

uvas, los gigantes no tienen trabajo. El pueblo de los gigantes está muy preocupado. Nadie sabe cómo romper la maldición de la bruja.

El gigante Carlitos está preocupado por su familia. Carlitos va a buscar a su amiga, la enana Carmen. Él y Carmen elaboran un plan para romper la maldición. Ellos irán hasta el castillo encantado de la bruja. En el castillo, buscarán la bola de cristal de la bruja. Esa bola de cristal es mágica y, sin ella, la bruja perderá todo su poder. Carlitos y Carmen romperán la bola de cristal para acabar con la maldición.

—Carmen, tenemos que partir cuanto antes para salvar a los gigantes y recuperar las uvas. Tenemos que buscar el castillo encantado de la bruja. ¿Tú sabes dónde está?

—Mi madre siempre me cuenta historias sobre ese castillo. Se dice que está en la cima de una montaña muy alta. Mi madre dice que es un castillo encantado. Tenemos que ir con cuidado, Carlitos. En el castillo, habrá muchos peligros y la bruja usará su magia para defenderse.

grapes, the giants have no work. Everyone in the Town of the Giants is very concerned. No one knows how to break the witch's curse.

The giant Carlitos is worried about his family. Carlitos goes to look for his friend, the dwarf Carmen. He and Carmen devise a plan to break the curse. They will go to the witch's enchanted castle. In the castle, they will look for the witch's crystal ball. Her crystal ball is magical and, without it, the witch will lose all her power. Carlitos and Carmen will break the crystal ball to end the curse.

"Carmen, we have to leave as soon as possible to save the giants and save the grapes. We have to look for the witch's enchanted castle. Do you know where it is?"

"My mother always tells me stories about that castle. It is said to be on top of a very high mountain. My mother says it's an enchanted castle. We have to be careful, Carlitos. In the castle, there will be many dangers and the witch will use her magic to defend herself."

—No te preocupes, Carmen. Los dos juntos lo conseguiremos, ya lo verás. Ahora descansa. Mañana, en cuanto salga el sol, nos iremos a buscar ese castillo.

Carmen y Carlitos se despiertan muy temprano. Carlitos abraza a sus padres y se despide. Carmen también se despide de su familia. Los dos se marchan por el camino del bosque.

Ellos caminan durante horas. Caminan por caminos estrechos. El bosque está lleno de árboles frutales y criaturas que los miran al pasar. Se hace de noche y Carlitos ve una montaña muy alta.

La montaña está al final de un camino largo y estrecho. En la cima, se ve un castillo. Es un castillo negro. Es el castillo más terrorífico que Carlitos ha visto nunca.

—Carmen, mira allí arriba. ¡Es el castillo! ¡Es realmente oscuro!

—¡Sí! ¡Es muy grande! ¡Vamos, tenemos que llegar arriba!

"Don't worry, Carmen. Together we will make it, you'll see. Now, let's rest. Tomorrow, as soon as the sun rises, we'll go looking for that castle."

Carmen and Carlitos wake up very early. Carlitos hugs his parents and says goodbye. Carmen also says goodbye to her family. The two leave through the forest path.

They walk for hours. They walk on narrow roads. The forest is full of fruit trees and creatures that look at them as they pass by. It's getting dark when Carlitos sees a very high mountain.

The mountain is at the end of a long, narrow road. At the top, a castle can be seen. The castle is black. It is the most terrifying castle Carlitos has ever seen.

"Carmen, look up there. It's the castle! It's really dark!"

"Yes! It is very big! Come on, we have to get to the top!"

El gigante y la enana suben corriendo el largo camino hasta el castillo. Ellos llegan a la puerta del castillo. Es una puerta negra de hierro. La puerta está abierta. Carlitos entra primero y Carmen le sigue.

—¡Carmen, no te alejes de mi lado!

Carlitos empieza a subir una escalera negra. La escalera parece no tener fin. Después de varios minutos y miles de escalones, Carlitos y Carmen llegan a una sala. Es una sala circular muy grande. Es una sala oscura llena de espejos. Al fondo de la sala, está la bruja sentada. En la mano, tiene la bola de cristal mágica.

—¡Mira, Carlitos! ¡Tiene la bola de cristal en las manos! ¡Ve a cogerla! Yo la distraigo.

Carmen sale corriendo hacia la bruja. Carmen lanza uvas de piedra por el suelo. La bruja intenta perseguir a la enana, pero es muy lenta. La bruja se resbala con las uvas de piedra. La bola de cristal sale volando por el aire. La bruja cae al suelo y Carlitos coge la bola de cristal. Carlitos guarda la bola en su mochila.

The giant and the dwarf run up the long path to the castle. They arrive at the castle's gate. It is a black iron gate. The gate is open. Carlitos enters first and Carmen follows.

"Carmen, don't leave my side!"

Carlitos starts to go up a black staircase. The staircase seems to have no end. After several minutes and thousands of steps, Carlitos and Carmen reach a room. It is a very large circular room. It is dark and full of mirrors. The witch sits at the back of the room. She holds the magic crystal ball.

"Look, Carlitos! She has the crystal ball in her hands! Go get it! I will distract her."

Carmen runs to the witch. Carmen throws stone grapes on the ground. The witch tries to chase the dwarf, but she is very slow. The witch slips on the stone grapes. The crystal ball is sent flying through the air. The witch falls to the ground and Carlitos picks up the crystal ball. Carlitos puts the ball in his backpack.

—¡La tengo! ¡Carmen, vámonos!

La bruja se queda en el suelo, mareada por la caída. Carlitos y Carmen bajan las escaleras negras corriendo. Al llegar a la montaña, Carlitos saca la bola de cristal de la mochila.

—Solamente tenemos que romperla y el hechizo dejará de tener efecto. ¡Carmen, ayúdame!

Carmen y Carlitos agarran la bola de cristal. Ellos lanzan la bola de cristal contra el suelo. Ellos la lanzan con mucha fuerza. La bola se rompe en mil pedazos y una voz empieza hablar:

—La maldición se ha roto. La magia de la bruja ha terminado.

—¡Lo logramos! ¡Ya podemos volver a casa! —dice Carlitos lleno de alegría.

—¡Sí! ¡Juntos hemos roto la maldición! ¡Vamos a casa a decírselo a todos!

"I got it! Carmen, let's go!"

The witch remains on the ground, dizzy from her fall. Carlitos and Carmen run down the black staircase. Upon reaching the mountain, Carlitos takes the crystal ball out of his backpack.

"All we have to do is break it and the spell will cease to have any effect. Carmen, help me!"

Carmen and Carlitos grab the crystal ball. They throw the crystal ball on the ground. They throw it very hard. The ball breaks into a thousand pieces and a voice begins to speak: "The curse has been broken. The witch's magic is over."

"We did it! We can go home now!" says Carlitos, full of joy.

"Yes! Together, we have broken the curse! Let's go home and tell everyone!"

Carlitos y Carmen regresan a los viñedos. Todo el pueblo los recibe con alegría. Las uvas ya no son de piedra. Carlitos y Carmen han salvado al pueblo de la maldición de la bruja.

Carlitos and Carmen return to the vineyards. The whole town welcomes them with joy. Grapes are no longer made of stone. Carlitos and Carmen have saved the town from the witch's curse.

14

La sirena del Lago de Maracaibo

The Mermaid of Lake Maracaibo

El Lago de Maracaibo

El Lago de Maracaibo alberga un ecosistema único y es el lugar con más relámpagos en el mundo. No es extraño que, debido a sus misterios, haya leyendas populares sobre criaturas mágicas que habitan y cuidan el lago.

Es un día normal de clases en la escuela y Daniel está sentado en su asiento favorito, como todos los días. Sus amigos están a su lado, hablando sobre todas las cosas que hicieron durante el fin de semana. De repente, llega la profesora.

—Hoy vamos a tener una clase muy divertida. ¿Adivinan de qué se trata?

Todos los alumnos intentan comentar, al mismo tiempo, las cosas que les gustaría hablar en

Lake Maracaibo

Lake Maracaibo is home to a unique ecosystem and is the place most struck by lightning in the world. Because of its mysteries, it's no surprise that there are popular legends about magical creatures that inhabit and guard the lake.

It's a normal school day and Daniel is sitting in his favorite seat, as he does every day. His friends are near him, talking about all the things they did over the weekend. Suddenly, the teacher arrives.

"Today, we are going to have a very fun class. Can you guess what it will be about?"

All the students speak up at the same time, saying what they would like to talk about in

clase, pero, de repente, la profesora pide que todos hagan silencio.

—Hoy vamos a hablar sobre las leyendas del Lago de Maracaibo... ¿Qué cosas imaginan que ocultan sus aguas? ¿Tesoros? ¿Criaturas fantásticas? ¿Qué creen?

Todos los niños empiezan a hablar al mismo tiempo. Cada uno tiene una idea diferente de los misterios que puede ocultar el Lago de Maracaibo: duendes, una ciudad perdida, superhéroes, dinosaurios. Su imaginación no tiene límites.

Después de esa introducción, la profesora decide hablar de su leyenda favorita: las sirenas.

—Aunque muchos creen que las sirenas no son reales, hay personas que sí las han visto. Estas criaturas mitad humano y mitad pez viven solo en las profundidades del lago y salen para ver cómo es el mundo en la superficie. Y aunque no sabemos si sea cierto, sí existen otras sirenas que están en peligro: los delfines del lago.

class, but suddenly, the teacher asks everyone to be quiet.

"Today, we are going to talk about the legends of Lake Maracaibo... What things could you imagine its waters hide? Treasures? Fantastic creatures? What do you think?"

All the children start talking at the same time. Every child has a different idea of the mysteries that Lake Maracaibo could hide: elves, a lost city, superheroes, dinosaurs. Their imagination knows no bounds.

After that introduction, the teacher decides to talk about her favorite legend: the mermaids.

"Although many believe that mermaids aren't real, there are people who have seen them. These half-human, half-fish creatures live only in the depths of the lake and come out to see what the surface world is like. And although we don't know if those mermaids are real, there are other mermaids that are in actual danger: the dolphins of the lake."

La profesora habla de una de las especies amenazadas por la contaminación del Lago de Maracaibo. Delfines que viven desde hace mucho tiempo en uno de los lagos más antiguos del mundo, pero que ahora están en peligro de extinción porque el lago cada día está más contaminado.

Sin embargo, con un poco de esperanza, la profesora le dice a todos los niños que hay una solución.

—Todos tenemos el futuro en nuestras manos.

Daniel sale triste de la escuela para encontrarse con su papá con una sonrisa en el rostro. Aunque su papá lo intenta alegrarle, Daniel está muy triste ese día.

De camino a casa, sucede un hecho sorprendente que cambia para siempre la vida del pequeño niño... Mientras cruza el puente sobre el lago para ir a casa, Daniel ve lo imposible: una sirena.

The teacher talks about one of the species threatened by the pollution of Lake Maracaibo. Dolphins that have long lived in one of the oldest lakes in the world but are now in danger of extinction because the lake is becoming more polluted by the day.

However, a little hopeful, the teacher tells all the children that there is a solution.

"We all hold the future in our hands."

Sad, Daniel leaves school and runs into his father, who has a smile on his face. Although his father tries to cheer him up, Daniel is very sad.

On the way home, a surprising incident happens that changes the little boy's life forever... As he crosses the bridge over the lake to go home, Daniel sees the impossible: a mermaid.

Es una sirena de verdad y no puede creer que la está viendo con sus propios ojos. Pero ocurre algo más sorprendente: la sirena lo mira fijamente y él, lleno de asombro, empieza a escuchar el dulce canto de la criatura.

Parece que nadie más puede escucharlo, solo Daniel, pero él entiende perfectamente cada palabra de la canción: es un pedido de ayuda.

Aunque la sirena vive en un lugar mágico como el Lago de Maracaibo, poco a poco, su casa se muere. La basura que tiran todos los humanos en las playas y la contaminación de las empresas hace que, poco a poco, el lago pierda su maravilloso color azul para tornarse verde.

La sirena está triste. El lago es donde está su casa, su familia, sus amigos y su escuela, pero ya no puede jugar, ni estudiar, ni ver a sus amigos. Le pide a Daniel que por favor la ayude a rescatar el lago.

Daniel promete ayudarla, pero realmente no sabe cómo hacerlo.

It's a real mermaid, and he can't believe he's seeing her with his own eyes. But something even more surprising happens. The mermaid stares at him and he, filled with wonder, begins to listen to the creature's sweet song.

It seems that no one else can hear it, only Daniel, but he understands every word of the song perfectly—it is a plea for help.

Although the mermaid lives in a magical place like Lake Maracaibo, her home is dying little by little. The way humans litter the beaches and companies pollute the waters causes the lake to, little by little, lose its wonderful blue color and turn green.

The mermaid is sad. The lake is where her home, family, friends, and school are, but she can no longer play, study, or see her friends. She asks Daniel to please help her save the lake.

Daniel promises to help her, but he doesn't really know how.

Lo piensa toda la tarde, y antes de acostarse a dormir, recuerda las palabras de su profesora y una idea llega a su mente.

Al día siguiente, habla con la profesora para empezar un nuevo plan para cuidar el lago. Todo el colegio se reúne para llevar a cabo una jornada de limpieza de las orillas del lago, e incluso hacen pancartas para que todos los ciudadanos participen.

Reciclar, no tirar basura al lago y pedirle a otras personas que hagan lo mismo es una forma de cuidar todos los lugares que amamos. Lugares naturales que son únicos y que son el hogar de muchos animales. Así como los delfines del lago, que muchas veces son llamados sirenas.

Y así, finalmente Daniel cumplió su promesa con su nueva amiga, la sirena. Y desde entonces, ella siempre le saluda cuando él pasa por el puente después de la escuela.

He thinks about it all afternoon and, before he goes to sleep, he remembers his teacher's words and an idea comes to his mind.

The next day, he talks to the teacher to execute a new plan to take care of the lake. The whole school gets together to carry out a day of cleaning up the shores of the lake, and they even make banners so all citizens participate.

Recycling, not littering the lake, and asking others to do the same is a way to take care of all the places we love. Natural places that are unique and home to many animals. Including the dolphins of the lake, which are often called mermaids.

Thus, in the end, Daniel upheld his promise to his new friend, the mermaid. And ever since, she always says hello to him when he walks over the bridge after school.

About the Authors

ALAIA Q. grew up reading about dragons, princes, and princesses. She is a bit obsessed with fantasy maps and she runs a hair salon that looks more like a book café. She tries not to talk about dragons with every client that walks in.

KARLA C. has lived in Bolivia, Ecuador, and Uruguay. She currently calls Argentina her home but cannot promise that wouldn't change. Who knows? She might pack her bags for Spain to visit her friend's salon. And have a dragon debate.

MARTINA V. is a proud mom of 3 kittens and 8 turtles. When she is not swiping on the lat-

est episodes of her favorite webtoons, you can bet she is crafting supernatural stories. Born and raised in beautiful Venezuela, Martina is all about *arepas*.

Tiago C. lives and breathes storytelling. A drama coach during the day, a playwright at night, he literally lives in the local theater school. Tiago grew up in Colombia and, like Martina, is all about *arepas*. Both like to argue whose country's got better *arepas*, but... let's just say there hasn't been a clear winner.

SPANISH LEARNING MADE INCLUSIVE

CAST YOUR THOUGHTS

Enjoyed the book? Please consider taking a brief moment to leave us a review on Amazon.

:)

We go through every single feedback and we are always looking to retain what works for Spanish learners and change what doesn't!

DON'T MISS THIS!

From Iker the tapas chef to Max the pilgrim fox to Ramon the pirate that dances tango...

Dive into more fantastical stories of the Hispanic world with us here in the first book!

BOOST YOUR SPANISH VOCAB

Hours of word search fun!

Join us in this series of Spanish activity books and watch your vocabulary skyrocket!

MORE SPANISH SHORT STORIES!

Ever wondered what Christmas is like in Venezuela? What about the famous Holy Week in Spain? Or a typical *asado* evening in Argentina?

www.ingramcontent.com/pod-product-compliance
Lightning Source LLC
Chambersburg PA
CBHW031109080526
44587CB00011B/898